知らないとマズい
暗黙の掟《ルール》

㊙情報取材班［編］

青春出版社

世間をカシコく生きるために知っておきたい〝秘密の掟〟とは?

世の中には外からは窺い知れないけれど、その業界にいる人なら誰でも知っている「暗黙のルール」が存在する。

たとえば、ふぐ専門店にはカギ付きのゴミ箱があるし、銀行には同期から誕生した役員をめぐる厳しい人事の掟がある。

また、能を鑑賞するときは拍手をしてはいけないなど、知らないではすまされないタブーも数多い。

こんなルールを知れば知るほど、自分がいかに業界の常識を知らなかったり、わかっているつもりだったことがじつは間違いだったことに気づいたりする。

そんな、外の世界からは窺い知れない〝秘密の掟〟の真相をあますところなく収録したのが本書である。就職前の予備知識として読んでおくことはもちろん、世の中をカシコく生きるための書としてご活用いただければ幸いである。

2014年4月

㊙情報取材班

知らないとマズい暗黙の掟《ルール》◆目次

2 破ってはいけない「エンタメ業界」の掟 47

3 ルールブックには載っていない「スポーツ界」の掟 75

4 言うに言えない「マスコミ」「芸能」の掟　99

カバー写真提供■shutterstock
piggy Bank/Shutterstock.com
製作■新井イッセー事務所
DTP■ハッシィ

1

誰も教えてくれない「飲食業界」の掟

飲食店の灰皿が「丸型」なのにはワケがある！

飲食店で出される灰皿にはシンプルな丸型が多いが、それにはいくつか理由がある。

たとえば、四角い灰皿だと灰皿のそれぞれの辺とテーブルの辺が平行になっているか、あるいは置く位置のバランスは悪くないかなどつい気になってしまう。

ところが、これが丸い灰皿だと向きを気にせず無造作に置ける。置く場所も深く考えなくていい分、接客時間の短縮にもつながるといった具合だ。

上下左右がひと目でわかる柄が入った灰皿を避ける店があるのも、同じ理由だ。柄の向きをいちいち気にしなくてもいいからだ。ちなみに、コースターには店の名前が入っていることが多いが、効率を重視して無地を選んでいる店もある。

灰皿だけではなく、料理を盛りつける皿も無地の丸い形を選ぶのが基本だ。盛りつけもしやすいし、テーブルに置くときも位置やバランスをそれほど考えなくてすむ。

もちろん、客に対して灰皿や皿の向きまで細かく気配りすることを重視する店なら、それはそれでひとつのコンセプトといっていい。ただ作業効率を上げるという点でみると、基本的に丸型を使うことになる。

もうひとつ、丸型の灰皿には置きやすさだけでなく管理のしやすさもある。四角い灰皿だと角に汚れがたまってしまい、丸型よりも洗うのに手間がかかる。

ようするに飲食店の丸い什器は、接客をスピーディにし、清潔に管理するためのテクニックなのだ。

屋台のラーメンで太麺をあまり見かけない理由

今ではあまり見かけなくなった屋台のラーメンだが、麺は細いストレート麺であることが多い。屋台ではゆでるのに時間がかかる太麺を使わないからだ。

これは九州の長浜の屋台ラーメンが、もともと長浜地区にある魚市場で働く人に出していたことが背景にある。忙しい彼らに、少しでも早く提供したいという思いから細麺を使うようになったのだ。

だが、じつは麺を細めにするのは、客のためだけでなく店側にもメリットがある。というのも、屋台を始めるには食材以外にも多くの経費がかかるので、それを回収するためには少しでも回転率を上げなければならないからだ。

一番経費がかかるのが屋台の造作で、特に厨房については手洗い場の有無や広さなど保健所からかなり細かくチェックされるので手抜きはできない。改造には400～500万円くらいかかるといわれる。

1杯500〜600円でラーメンを出すとしても、材料費から諸々の経費などを入れると1日100杯売れても利益は3割前後にしかならないという。

ということで、少しでも儲けるためには麺を細くして客の回転を速くして1杯でも多く売るしかないのだ。

「ふぐ専門店」が絶対に守らなければいけないルールとは?

ふぐというと強い毒を持つ魚である。そのため、ふぐ専門店で廃棄される内臓はふつうのゴミと一緒に捨てることはできない。

ふぐの毒は「テトロドトキシン」という、人体に入ると神経や筋肉が麻痺し、重症になると死に至る。青酸カリの数百倍以上もの強い毒性を持つのだ。

そのふぐの処分方法について、全国で最も厳しいのが東京都といわれている。

「東京都ふぐの取扱い規制条例」では、「除去した有毒部位は、他の食品又は廃棄物に混入しないように施錠できる容器等に保管すること」とある。ゴミ箱は、毒がしみださないように木製ではなくステンレスやプラスチック製が使われる。

また、大きなふぐ専門店の場合は、専門の業者が毎日回収して焼却処分する。そして焼却した証明書をもらい、都に届ける。個人の店の場合は築地にある「ふぐ除毒所」というところに持って行って焼却処分してもらうのだ。

東京都でふぐの取り扱いへの規制が始まったのは1949年。衛生環境がよくなかった頃のことで、店がゴミとして出したふぐの内臓を人間はもちろん犬や猫が誤って口にしないように施錠できるゴミ箱の設置が徹底されたという。それが今日まで続いているのだ。

ちなみに東京都の場合、ゴミ箱に鍵をかけていない場合は「6カ月以下の懲役又は30万円以下の罰金」が課せられる。

たいていのファミレスが1フロアだけで営業しているウラ事情

他の飲食店にはあるのに、ほとんどのファミリーレストランではあえてつくらないものがある。それは2階のフロアだ。

郊外に行くと2フロアのところもあるが、たいていは1階が駐車スペースになっており、2階だけを食事ができる店舗スペースにしてある。

その理由はズバリ、経費削減にある。

2フロア以上にすると、当然のことながら1フロアより設計費も建築費もかさむ。料理を運ぶエレベーターも必要だし、スタッフも増やさなければならない。

店舗スペースを増やすと客が増えて売り上げアップを狙えそうだが、もともと客単価を抑えているファミレスでは、建設費や設備費、人件費を考えるとコスト高になって逆効果になるのだ。

もうひとつ、1フロアにすることでスタッフの動きがマニュアル化できるので、別の店舗へのヘルプが容易になる。

大手チェーン店で厨房内の機器の配置や客席の配置がほとんど同じなのは、スタッフの作業をマニュアル化しやすいからだ。

ファミレスでは、人手が足りなくなった店にスタッフがヘルプに出されることがあるが、そんな場合でも同じ配置であれば店舗は違ってもいつもの要領で仕事ができる。

ちなみに、ファストフード店では2階、3階のフロアがあるところも多い。これは入口で一括して客の注文をとり、運ぶのも客自身だからだ。

スタッフは各フロアを見回って後片づけなどをチェックすればいいだけなので、フロアを増やしても人件費にはそれほど響かないのである。

ハンバーガーショップの座席が2階か地下に置かれる秘密

最近、繁華街にあるハンバーガーショップは、縦に細長い形のビルに入っていることが多い。

従来は1フロアで店舗スペースをできるだけ広くとり、注文をとるカウンターと客席は同じフロアにあったが、近頃は1階は注文をとるカウンターだけで、客席は2階以上か地下のフロアにあることが多くなった。

なぜなら、客席が道路側に面していると具合が悪いことがあるからだ。

道路に面した1フロアの店舗だと、客の入り具合が外からひと目でわかってしまう。1階で客がトレイを持ったままウロウロと座席を探していると、それを見た客は「混雑しているからやめよう」と入店をあきらめるかもしれない。

ところが、客席が2階以上か地下にあれば、外からはそう簡単には中の様子がうかがえないというわけだ。

一見、都心ならではのペンシルビルにやむを得ず入居しているように見えるが、そこには店側のしたたかな集客戦略があったのである。

高級レストランがワインを客につがせない㊙事情

居酒屋などで瓶ビールを注文すると、ビールとグラスが出てきて、あとは客が勝手についで飲む。

日本酒も同じで、つぎ足すタイミングも客の自由だ。

ところが、フランス料理やイタリア料理などの高級レストランでボトルワインを注文したときは、そうはいかない。

1杯目はもちろんのこと、2杯目以降もワインをつぐのはソムリエやウエイターの仕事なのだ。

グラスの中のワインが残り少なくなっ

てくると、さりげなくグラスを満たさなくてはいけない。

これは海外では当たり前のことであるのと、そうした高級なレストランほど繊細なワイングラスを使っているという事情もある。

重いボトルをグラスの縁に無造作に当てると割れてしまいかねない。

だからソムリエやウエイターは、客のグラスを常時チェックしなければならないのだ。

逆に客のほうも、飲みたいからといって自分でつぐのはマナー違反だ。

格式のあるレストランでは、そのために席から離れたところにワインクーラーを置いているのである。

ラーメン店のオーダーで「スープぬるめ」は許されない!?

最近のラーメン店では、麺のかたさや脂の量、味の濃さなどはオプションで注文できるようになっている。ところがスープぬるめなど、スープの熱さが注文できるところはほとんどない。

ぬるめのスープだと猫舌の客も早く食べられて店の回転率アップにつながりそうなのだが、実際はほとんど聞かない。じつは、ラーメン店にとってスープをぬるめにすることはメリットがないからだ。

そもそも飲食店の回転率は、皿の深さに左右されるといわれる。たとえばカレーライスの場合、底の深いカレー皿だとなかなか冷めないが、底の浅いカレー皿だとすぐに冷める。すると客もさっさと食べ終えて、結果的に回転率アップにつながるというわけだ。

回転率を上げるには底の浅い皿を使え、というのは業界でも基本的な戦略なのだ。ところが、ラーメン店のどんぶりは底が深く、冷めにくい構造になっている。底の浅い皿を使えという本来の基本戦略があてはまらないのである。でも、ラーメン店はこれでいいのだ。

というのも、もともとラーメン店に来る客は食べ終わればすぐ出ていく。それよりもこだわりのスープで食べてもらうことに日夜努力を重ねているのだ。回転率よりも、おいしいスープをいかに飲んでもらうかに専念しているのである。ようするにスープの熱さもうまさのうち。だから冷めにくいどんぶりを使い、頑なに自慢の味を守っているのである。

定食屋の丼物のタクアンが「2切れ」に決まった経緯

カレーライスのらっきょうや中華料理店の定食についてくるザーサイなど、必ずしも必要なわけではないけれど、なければないで寂しい気持ちになる〝添え物〟は少なくない。

カツ丼や親子丼などの丼物についてくるタクアンもそのひとつだ。楽しみにしている人は少ないかもしれないが、しかし、あればあったでポリポリとつまんだりする。

ところで、何気なく食べているこのタクアンだが、丼についてくる数はどの店に行ってもだいたい同じで2切れと相場が決まっている。そこには1切れでも3切れでもなく、2切れでなくてはならない理由があるのだ。

その理由とは、ずばりゲンかつぎ。1切れは「人斬れ」、3切れは「身斬れ」とそれぞれ読み換えることができる。どちらも縁起が悪いため、昔から料理の世界では嫌われているのである。

それ以上多いと添え物にしては目立ち過ぎるし、採算も合わなくなる。タクアンが2切れなのは、そうした事情をふまえて定着した丼物のセオリーなのである。

客の前で食材の鮮度を「古い」「新しい」というのは厳禁

デパートや飲食店などの接客業では、客に知られたくない、聞かれたくない言葉や内容を従業員同士で話す時、店のスタッフしかわからない独自の共通語、いわゆる隠語が使われる。

ある百貨店では、「ちょっとつきあたりに行ってきます」というのは「トイレに行ってきます」という意味だし、レストランや居酒屋などでは、ゴキブリのことを人名に置き換えて他の従業員に知らせるケースもあるという。

同じように、鮮度が命の板前の世界では客の前で「古い」とか「新しい」という言葉は使われない。

たとえば、ネタケースに食材を並べる時は、先に仕入れたものを手前に置いて早く使い切るのが常識だ。

だが、うっかりしていると、どっちが先に仕入れたものかがわからなくなることもある。この時、「どっちが古いもの?」などと言ってはいけないのだ。

こういう時には、「どっちがアニキ?」という隠語を使う。

これなら、万が一、この会話を客に聞かれたとしても、不快感を与えないし、本当の意味まで知られてしまうことはないからだ。

銀座のホステスが接客で心がける「銀座ルール」って何?

最初の1杯はみんなで乾杯というのが世界共通のルールだが、これは銀座のどんな高級クラブでも同じだ。

ただし、この時注意して見てみると、ホステスは客のグラスよりも必ず低い位置でグラスを合わせている。客よりグラスを高く上げることはまずない。これはもちろん、「客を一番に立てる」というホステスと店側の経営姿勢の表れなのだ。

銀座のクラブに通う男性は、心地いい癒しを求めている。

だからホステスも、客に気分よく過ごしてもらうために細やかなところまで気を配る。グラスを低く掲げるのは伝統的に引き継がれてきた、いわゆる「銀座ルール」でもあるのだ。

銀座ルールというと、同伴や勤務時間など待遇に関わることが多いように思われるが、接客態度に関するルールも少なくない。

グラスを客より高く上げてはいけないのもそうだが、灰皿はタバコ1本を吸い終わるごとに交換する、グラスに水滴がついてきたら客の指が濡れないように紙ナプキンで水滴をふき取る、客のおつまみに手を出すのは控える、客のタバコに火をつけるときは自分の手元で火をつけてから両手を添えながらタバコに近づけるなど、ホステスには接客に関するいろいろな決まりごとがあるのだ。

よく「クラブは会話を楽しむところ」というが、ホステスたちは会話力を磨くのはもちろんのこと、気配りの行き届いた接客を心がけることで、客の心をつかんでさらなる売り上げアップにいそしんでいるわけだ。

ホステスに本名を聞いてはいけない本当の理由

「レイナ」「ミカ」「ナオミ」など、水商売の世界では自分の本名とは違う名前を源氏名として使うことが一般的である。

しかし、お気に入りのホステスがいて、たとえ彼女の売り上げに多大な貢献をしたとしても、ホステスに向かって「君の本名を教えてよ」と言ってしまうのは許されない行為だ。

そもそもこの源氏名というのは、『源氏物語』に登場する女性が、「○○御前」や「○○の君」などと本名ではない呼び名で呼ばれていたことに由来する。平安時代は、〝実名敬避〟といって女性の実名を口にするのはタブーだったのだ。

それがその後、江戸時代の大奥に受け継がれ、今の芸者さんなども立派な源氏名を持つようになったのだ。

もちろん、クラブやキャバクラの源氏名に平安時代の習慣の名残はないが、夜の水商売には〝現実逃避〟というテーマがある。そのためホステスはきれいに着飾り、本来の自分を覆い隠すのだ。

ホステスという仕事が、客と会話をしながらきらびやかな擬似恋愛を楽しむという職業だと思えば、本名を聞いて現実の世界を知ってしまうのはまさしく野暮《やぼ》というものだ。

夜の遊び方を心得た紳士を気取りたいなら、けっしてホステスたちに本名を聞いてはならないことを肝に銘じておこう。

クラブのホステスは客を大声で見送ってはいけない！

クラブやスナックでは帰っていく客を

見送るのもホステスの大事な仕事のひとつだ。しかし、この時ホステスが「ありがとうございました」と言うのはあまりよくないとされている。感謝の気持ちを言葉にしているのに何がいけないのだろうか。

それは「ありがとうございました」と過去形を使っているからだ。神経質な客なら、過去形を使われることで「これで終わりということか」と感じることもある。何となく後味の悪さを感じるかもしれないだろう。

だから、来店してくれたことに対する素直な気持ちを表わしているとはいえ、「ありがとうございました」と言ってはいけないのである。

では、どうすればいいのかというと、気持ちよく店をあとにしてもらうためには「ありがとうございます」と言って見送るのである。数多くの店の中からこの店を選んでくれたという感謝とともに、「またお待ちしております」の気持ちも込める。

とにかく、次の来店につなげることがホステスの命題なのだ。過去形を使って、自ら縁を切るようなことをしてはいけないのである。

ちなみに「ありがとうございます」は大声で言う必要はない。ファミリーレストランやファストフード店なら、元気な声で「ありがとうございます」と言うところだが、水商売の場合はちょっと違う。

客の中には、それぞれ事情がある人もいるだろう。

通りすがりの人も振り返るほどの声を出して客を慌てさせないように、客にだけ聞こえるような控えめな声で心を込めてお礼を告げるのが心配りのできるホステスなのである。

キャバ嬢が客にメールを一斉送信するのはタブー

キャバクラで働く女性にとって、コマメに営業メールを送ることは基本中の基本だ。

来店してくれた客には、その日のうちにお礼のメールを送るのが鉄則だし、なかには客が店を出たらすぐに「今日はありがとうございます」などと短いメールを出しておき、店が終わってからあらためて送信し直すベテランキャバ嬢もいる。

ところでこの営業メール、一晩に何人もの客に出すのだから一斉送信でよさそうなものだ。しかしキャバ嬢たるもの、そこは絶対に手抜きをしてはならない。

一人ひとりの客に心のこもった内容のメールを打って送らなくてはならないのだ。

たとえば、メールの中には必ず客の名前を入れ、今しがた交わしたばかりの話を思い出しながらその人にしかわからない内容を少し加える。自分だけに打ってくれたメールだとわかれば、もらった客も大いに勘違いをしてくれるわけだ。

手間暇がかかる作業だが、ナンバーワンのキャバ嬢くらいになるとその内容の細やかさや送るタイミングも絶妙だ。もっとも、こういう細やかな気配りがあってこそナンバーワンになれるのだが。

一斉送信をしてはいけないのは、何も内容の問題だけではない。万が一でも客同士のメールアドレスが漏れたら大変だからだ。

Bcc機能を使えば安心と思いきや、どこで操作ミスをしたりアドレスが解読されるかわからない。

ちなみに、指名をしてくれる客には1日1回のメールは欠かせない。その時はあからさまに営業とわかる内容よりも、今日はこういうことがあって、というようなごくありきたりのメールを送るほうが好感をもたれるようだ。

なぜホステスのお見送りはエレベーターの前までなのか

夜も更けてくると、歓楽街ではタクシーに乗る客を店の外でお見送りするホステスの姿をよく見かける。

だが、高級クラブのベテランホステスともなると、店の入っているビルのエレベーターの前までしか見送ってくれない場合が多い。

これはほの暗い店内から、エレベーターの中のように青白い蛍光灯で照らされた明るい場所に出ることを自ら避けるためだ。その理由はただひとつ。化粧をした顔を客の前に顕《あら》わにしないようにというプロ意識からである。

　薄暗い店内でホステスと酒を飲んで、帰りにいい気分でエレベーターに乗ったとする。ふと一緒に乗り込んだホステスの顔を見るとさっきとはまるで別人で、長時間の接客で化粧が落ちかかり、大きいと思っていた目はアイシャドウとマスカラのおかげだった…。

　こんな現実を目の当たりにしたら、ほろ酔い気分は一気に醒めてしまい、次からは別の女性を指名するか店を変えられてしまうかもしれない。

　そうならないためにも、お見送りはエレベーターの前までと店の規則で決めているところもある。外まで出て来てくれないのは寂しい気もするが、じつはそのほうが店内での夢のようなひと時が崩れ去らなくていいのである。

ホストが客に聞いていいこと、いけないこと

　水商売の世界で、〝男性〟の接客のプロといえば、いうまでもなくホストだ。

　客の気分を和ませながら場を盛り上げ、さりげなく酒を勧めては売り上げを伸ばす。自分の接客術の善し悪しが指名の数に跳ね返ってくるというなかなかシビアな商売である。

　話しかけても反応が鈍くなかなか会話

がはずまない客でも、何とかして楽しませなくてはならないのがホストの仕事だが、いくら客との共通の話題をさぐるためとはいえ、客の職業や家族構成などプライベートなことを聞き出そうとするのは、ホストとして失格である。

女性が客となってホストクラブに繰り出してくるということは、今の生活に何かしらのストレスを感じているような場合が多いものだ。

客は少しでも現実を忘れて楽しみたいと思っているのに、いきなり職業や家族のことなど個人的なことを聞かれてはその場の雰囲気が台無しになってしまう。

だから、あくまでも話の主導権は客に握らせ、最初は聞き上手に徹する。そこで、客の側から「じつはね…」と込み入った話をしてきたらしめたもの。次回も指名してくれる可能性が高くなるというわけだ。

チェーン系ファミレスの意外な共通点とは？

とかく日本人に欠けているといわれるのが個性だ。考え方やスタイルがほかの人と同じでないと安心できないという心理は、世界広しといえども日本人くらいのものだろう。

しかし、なかにはそうした没個性を守らないと非難されるどころか大問題に発展するケースもある。たとえば、全国チエーンのファミリーレストランなどがそれだ。

ご承知の通り、チェーン展開をしている〝ファミレス〟はメニューから接客対応、トラブルの処理まで、すべてマニュアルで決められている。

どこへ行っても同じ挨拶、同じ味、同じ価格というのはたしかに味気ないものだが、だからといって、その店が独自のカラーを出し始めたらどうなるだろうか。

たとえば、○○町のA店では、マニュアルを無視してステーキソースにアレンジを加えたら美味しいと評判になった。

客に喜んでもらえるのはいいことだが、逆に隣町にある同じチェーン店のB店のステーキはまずいということになり、評判が悪くなりかねない。

こうした現象は、チェーン展開している店にとっては致命的なのである。

客がファミレスに求めるのは平等のサービスによる安心感だ。同じ看板を掲げている以上は、同じ味で同じサービスをしなくてはならず、これらに差が出てしまうと店の信用に関わるというわけだ。

大人がお子様ランチを頼んだら断られる本当の理由

ハンバーグにエビフライ、コーンスープ、それにデザートのゼリーやプリン。お子様ランチというと、少しずついろいろな料理がひとつの皿に並んでいるが、そのわりには値段が安い。

カロリーを気にしている人やダイエット中の人には「あれくらいでちょうどいい」という人も多いだろう。

しかし、多くのファミレスなどでは、大人がお子様ランチを注文しても断られてしまう。なぜだろうか。

理由は、儲けが少ないからだ。お子様ランチは店側にとっては儲け度外視のサービスメニューなのである。

お子様ランチの料理はどれも原価が高い。しかし量が少ない分、値段を抑えなければならず利益率はかなり下がる。

そのため、もしも大人が大挙して注文すれば店の利益に響く。あくまでも、子供を連れてきた大人がメニューと一緒に注文してくれることを前提にしているのがお子様ランチなのだ。

だいいち、いい大人がお子様ランチを食べている姿は、あまり見栄えのいいものではない。店全体のイメージから考えても、できれば大人には遠慮してほしいのだ。

「童心に返って食べたい」と駄々《だだ》をこねても、多くの店で断られるはずだ。

寿司屋で客が隠語を使ってはいけないって本当？

テレビを観ていると、本来はスタッフや出演者の間でしか通用しないはずの業界用語が堂々と使われていたりする。放送する側は視聴者がすでにその言葉の意味を知っていると踏んでいるのか、よほど特殊な用語でない限り最近では説明すらされない。

テレビの世界に限らず、こうした業界の隠語や裏事情を知っている人は、いうなれば「事情通」である。だが、だからといって、こうした言葉をいかにも知ったかぶりをして使用するのは見苦しい。

たとえば、寿司屋で「アガリお願いします」とか「ムラサキください」などと、わざわざ隠語を使う人がいるが、本来こうした言葉は店側の人間が使うもの。〝通〟ぶりたい気持ちはわかるが、けっして客が使用すべきではない。

しかも職人からすれば、客が本当の意味での通なのか、そうでないかはカウンター越しに見抜けるのだ。たいして寿司屋に通い慣れていないのに、頭でっかちな知識で隠語を多用するのはかえってかっこ悪い。

不慣れなら不慣れでけっこう。下手に隠語など使わずに「お茶をお願いします」とか「お醤油をください」とふつうにお願いしたほうがよほど印象がいいというわけだ。

寿司屋でトロを2カン以上頼むと嫌われる!?

人気の寿司ネタはいつの時代でもあまり変わらない。その中でもトロ、ウニ、イクラは、まさに〝寿司ネタのクリーンナップ〟だ。とりわけ、ほんのり甘く脂が乗ったトロは、そのままでも炙《あぶ》ってもおいしい不動の4番バッターといえる。

　価格を考えるとふつうは一度にそう何カンも食べられるようなネタではないが、もちろん何をどれだけ頼むかは個人の自由なので、理屈のうえでは最初から最後まで同じネタを頼んでもかまわない。

　しかし、いくら大好きでおいしいからといってトロばかり頼むのは、やはり禁じ手なのである。

　というのも、トロはご存じのとおりマグロの中でもわずかな量しか採れない貴重な部位だ。さらに、通常は原価の2倍、3倍の価格を設定している寿司ネタの中にあって、もともとの値が高いトロはギリギリの儲けで出しているところが多い。

　つまり、1人の客がトロばかりを注文したらほかの客が食べられなくなるばかりでなく、微妙な価格設定をしている店側は採算が合わなくなる。こういう客はありがた迷惑なのだ。

　あえていうならトロは1人2カンがいいところで、それ以上は頼まない。細かいようだが、こうしたタブーを知ってこそ寿司通になれるのである。

寿司屋のお茶が熱いのにはワケがある

寿司屋に行くと必ず出てくるのが熱い

お茶だ。真夏でも寿司屋に限っては冷茶が出されることはまずない。しかも、ちょうどいい熱さというよりも舌がやけどをしそうなくらい熱いお茶が出されるのである。

一般的にお茶はぬるめのほうが味を楽しめていいといわれるが、どうして寿司屋ではひたすら熱いお茶が出てくるのだろうか。じつは、これには寿司屋ならではの理由がある。

それは熱いお茶で口の中の脂っぽさや臭みを取るためなのだ。

いくら美味しいとはいえトロなどの脂ののったネタを食べていると、どうしても口の中に魚の脂っぽさや臭みが残ってしまう。

熱いお茶はそれらを取り去り、口の中をすっきりさせ、客に寿司をたくさん食べさせる役割を果たしているのだ。

これがぬるめだと脂や臭みが取れないばかりか、客がお茶ばかり飲んでお腹がいっぱいになってしまう。

つまり、熱めのお茶は寿司屋の売り上げアップにひと役買っているというワケだ。寿司屋の湯のみが厚いのも、持った時にお茶の熱さを伝えないためである。

知っているようで知らない回転寿司の頼み方のルール

回転寿司の最大のメリットといえば、安さと気軽さだ。カウンター越しにまるで職人に勝負を挑むかのように向き合う必要もなく、流れてくる皿から好みのものを選ぶだけだ。皿の色で価格が一目瞭然になるところもいい。

もちろんレーンに食べたいネタがない時は、直接オーダーすることもできる。本格的な寿司屋ではひとつ注文するのにもドギマギしてしまう人でも、フレンドリーな回転寿司だと気ままに振舞えるだろう。

しかし、だからといって、口頭で一度に3品も4品も注文するのはタブーであることを覚えておいたほうがいい。

いくらプロの職人といえど、一度に「中トロとエンガワとイクラ。あとボタンエビもね」などと言われても、そうそう覚えられるものではない。

空いていて板前自身に余裕があるならともかく、忙しい時間帯にこれを次々とやられたら板前の頭はパニックになってしまうだろう。

それを思えば、1人の客が一度に注文できるのは2品まで。それ以上頼んだ場合は、忘れられても仕方ないと思うべきだろう。

回転寿司で座っていい場所、いけない場所

最近の飲食店では、客が自ら席を選んで座ることは少なく、店員の誘導に従うのが一般的になっているようだ。

だが、店によっては「お好きなところへどうぞ」と言ってくれる場合もある。たいていは従業員の手間を省く店側の事情だろうが、客にとっても席を選べるのは何かと都合がいい。

だが、もしも自分で席を選べる回転寿司へ行ったら「巻物担当の板前の前は避ける」ということを肝に銘じておいたほうがいい。

なぜかというと、寿司職人の世界では巻物は見習いが担当するもので、ある程度修行を積んだ熟練の板前でなければ握りはやらせてもらえないからだ。

つまり、巻物担当の前に座るということは握り担当の板前への注文も通りづらいということになる。

握りよりも巻物が大好きという人にはあてはまらないが、できれば白身や貝類を担当している板前の前に座りたいものである。そうすれば熟練の握りが楽しめるはずだ。

回転寿司のコンベアの速度は「秒速4センチ」に限るって本当？

かつての回転寿司といえば、値段は安いがそれなりの味というイメージが強かったが、最近では大手がしのぎを削っていい意味で競争原理が働き、「安い、うまい」が定着してきた。

今では子供からお年寄りまで、年齢を問わず外食メニューとして不動の地位を築いている。

ところで、例によってコンベアに乗って運ばれてくる寿司だが、皿が流れてくる速さは秒速4センチメートルを守らなければならない。このスピードは、客の目の前をひとつの皿が約6秒で通過する速さである。

つまり「新しい寿司がきたぞ」と客の目にとまり、「おいしそうだ」と確認し、「よし、食べよう」と決心させる、絶妙なスピードが秒速4センチメートルなのだ。

実際、これより速いと食べようかどうか迷っているうちに皿が流れていってしまい、逆に遅すぎると、次の皿が流れてくるのに時間がかかって客はイライラする。秒速4センチメートルは、店の売り上げを大いに左右する大切なスピードなのである。

ところで、関西にはせっかちな人が多いので関東よりも回転のスピードが速いという噂もある。

じつは、回転寿司用のコンベアはほとんどが石川県でつくられており、工場から出荷される時のデフォルト値が秒速4センチメートルに設定されているという。

関東と関西では電気の周波数が違うのでそのスピードに若干の差が出てくることはあるかもしれない。

しかし、細かいスピード設定は店ごとに調節できるので、スピードの差は地域というより、店ごとに違うと考えたほうがよさそうだ。

一見さんでも失敗しないバーの〝しきたり〟

本格的な大人のバーでグラスを傾けるのは世の男の憧れである。

ある程度の年齢になったら、ふらりと立ち寄った店で1人静かに飲むような、しゃれた大人の酒の飲み方をマスターしたいものだ。

そこでまずは肝に銘じておきたいのが、初めて訪れたバーでは、どんなにカウンター席が空いていてもそこに勝手に座るのは厳禁だということ。

古くからやっている粋なバーには必ず常連客がいる。そして彼らは、およそ来る時間や座る場所、帰る時間までもが決まっているものだ。そこへ一見客が何も言わずにカウンターにどかっと座ってしまうと、店側は足蹴にすることもできず困惑してしまうのである。

初めてのバーに入る時は店の流儀に任せ、店主から促されてから腰を下ろす。そして、常連になって初めて自分の定位置を獲得するものなのだ。

おでんの屋台で、ダシ汁を飲むのは〝ご法度〟!?

寒い季節になると、どうしても食べたくなる食べ物のひとつにおでんがある。

特に屋台の赤のれんに「おでん」の文字が見えると、もういてもたってもいられない、という左党《さとう》も多いだろう。

おでんの魅力は具もさることながら、あのダシ汁にもある。皿の底に溜まっているダシ汁にひたして食べるからこそおでんはうまいのだ。

箸の先で触るだけでくずれるほどじっくりと煮込まれたのをダシ汁といっしょに口の中に流し込めば、それだけで至福の気分になる。

しかし、調子に乗ってダシ汁ばかりを飲んでしまい、おかわりをすると屋台のおやじさんに睨《にら》まれることになる。

自分の家でつくったおでんなら好きなだけダシ汁を飲もうと自由だが、屋台ではやたらとダシ汁を飲むのはご法度だ。

屋台のダシの中身はそのおやじさんだけが知っている、いわば企業秘密のようなもので、しかもそこに、いろいろな具のエキスがしみ出していて絶妙な味加減になっているのだ。

その絶品の味をみんなで共有しようというのが屋台のルールで、それを独占することは許されないのだ。

だいいち、みんながダシ汁ばかり飲んでいたら、ダシ汁はあっという間になくなってしまう。店舗ではなく屋台のおでん屋では、あらためて材料をつぎ足すこともできない。

そんなわけで屋台のおでんを楽しむ時は、ダシ汁ばかり飲まないようにしたい。

待ち時間が長くても文句は言えないうなぎの謎

短気は損気とはよくいうが、本当に気の短い人にはそんな忠告もあまり意味がない。なかにはレストランや食堂などで少しでも待たされるとイライラしてしまい、挙句《あげく》の果てに帰ってしまうような極端な人もいる。

しかしながら、うなぎ屋に行った時だけは、どんなに気の短い人も「出てくるのが遅い」などと言って怒ってはいけない。ここで短気を起こすのは、おいしいうなぎを食べたことがない証拠だ。いいうなぎ屋は客を待たせるものなのである。

というのも質のいいうなぎ屋は、客の注文が入ってからうなぎをさばく。間違っても、あらかじめ下ごしらえと称して開いたりはしないものだ。こうなれば当然、客前に出すまでには時間がかかる。

うなぎを食べようと思ったら、この時間を想定して頼まなくてはならないのである。うなぎを食べる時こそスローフードの精神が大切なのだ。これをわかっていないと、自分だけがカリカリしてせっかくのうなぎの味も半減するのである。

「刺身のわさびは醤油に溶かしてはいけない」は本当か

刺身を食べる時、醤油とわさびは欠か

せないものだ。

醤油だけでもいいが、わさびのツンとした刺激があればこそ「刺身を食べた」という気分になれるという人も多いだろう。まさに日本人の味覚だ。

ところで、刺身を食べる時に目の前に醤油とわさびがあると、まず、わさびを醤油に溶かす人がいる。「わさび醤油」という言葉もあるくらいだから、当たり前のことのように思えるのだろう。

しかし、刺身を本当においしく食べるためには、これはやらないほうがいい。わさびを醤油に溶かすと、わさび独特の風味が消えてしまうからだ。

ではどうすればいいかというと、わさびは少量を刺身の上に乗せるのである。そうしておいてから刺身に少しだけ醤油をつけて食べるのだ。

こうすると、わさびの風味が生かされて醤油の味も損なわれない。しかも、刺身そのものの味が最も引き立つのだ。

ちなみに、刺身を口に運ぶ時に醤油が垂れそうだからといって、手をそえるのは「手皿」といってマナー違反になる。刺身に限ったことではないが、つゆなどが垂れそうな料理は皿や器を手に持って食べるのが基本なのである。

立ち食いそば屋でやってはいけない「禁じ手」

そばなどの麺類を音を立ててするの

は日本人の常識だ。

一方、同じ麺文化を持つイタリア人がスパゲティをズルズルとやらないのは、すすらないのではなく、苦しくてすすることができないからだといわれている。

いずれにせよ、どんなに美しい女性でも、こと、そばに関してはズルズルと思いきり食べているほうが見ていて気持ちのいいものだ。

だが、立ち食いそば屋だけは音を立てて食べるのはNGである。

一度でも立ち食いそば屋に入ったことのある人ならわかるだろうが、この手の店は狭いカウンターに大勢の人がひしめきあい、ひじがぶつかるのを気にしながら食べたりする。

しかも、ここで食べるものは「冷たいそば」よりも「温かいそば」のほうが断然多い。

それを思い切りズルズルとやったら、自分だけでなく両隣の人にまで汁が飛び散ってしまう。ビシッとキメたスーツも台無しというわけだ。

たしかに、そば好きであればあるほど、わざと音を立てて食べたい気持ちはわかる。

あらかじめ茹でてあり、注文が入ったら温めるだけの立ち食いそばでは、失礼だが粋を求めても仕方がない。

そんなところで〝そば通〟ぶるのは意味がないばかりか、かえってひんしゅくを買うということをお忘れなく。

国会の議長は、議員を「○○さん」と呼んではいけない

テレビで国会中継を見ていると、議長が議員の名前を呼ぶときに「○○さん」ではなく「○○君」と呼んでいる。このように国会議員を〝君づけ〟で呼び始めた歴史は古く、1890年の第1回帝国議会までさかのぼる。

当時、アメリカの議会では議員の名前を呼ぶときに「ミスター」と敬称をつけるのが慣習になっており、日本の国会でもそれにならって議員を君づけするようになった。当時は女性議員がまだいなかったので、さんづけする発想がなかったのだろう。

ちなみに、参議院規則208条の「議員は、議場又は委員会議室において、互いに敬称を用いなければならない」に基づいて、参議院事務局『平成10年版・参議院先例録』433には「議員は、議場又は委員会議室において互いに敬称として『君』を用いる」と記されている。

これが議員を君づけする法的根拠になっているため、議長や委員長はためらうことなく、目上の議員を「○○君」呼ばわりできるのである。

2

破ってはいけない「エンタメ業界」の掟

ブロードウェイの舞台がテレビで放映されない理由

ショービジネスの本場といえば、やはりアメリカだ。

ニューヨークのマンハッタン島を縦断している大通りは「ブロードウェイ」と呼ばれ、そこでは夜ごと華やかなエンターテインメントの世界が繰り広げられている。

何百、何千という作品が上演されているなかで、時にはアメリカのみにとどまらず、世界的なヒット作が誕生することもある。

そういう作品はブロードウェイでロングラン公演されるだけでなく、たとえば日本なら日本の役者や劇団がその作品を国内で上演したりすることもある。

『レ・ミゼラブル』や『ウエストサイド・ストーリー』などがそのいい例で、名前だけは知っているという人も多いだろう。

だが、こうしたブロードウェイ発祥の舞台は劇場以外で観ることはできず、テレビ放映すらされない。これはブロードウェイとの契約により禁止されているためで、放映したくてもできないというのが実情なのだ。

もっとも、舞台はやっぱりナマが一番。中継ではその迫力も緊張感も半減してしまうので、チャンスがあれば劇場で鑑賞してはどうだろうか。

「芸者は客の前で食べてはいけない」というのは本当？

たまの接待で芸者を呼ぶような店に行くこともあるかもしれないが、品の良い芸者遊びができたら、それは社会人としてひとつのステイタスにもなるだろう。

そこで覚えておいてほしいのは、出された料理を芸者に勧めてはならないということだ。芸者には政治や宗教の会話は避けるなど客商売の一般的なタブーのほかに、客の前で食べ物を口にしてはならないというのもあるのだ。

同じ宴席の仕事でも芸事に重きを置く芸者は、クラブのホステスよりもそういった行為にストイックでなくてはならないというのがその理由だ。

食べたり飲んだりが直接売り上げにつながるわけでもないし、よほどのことがない限り飲み物すら自分から口にすることはないのである。

それを知らずに調子に乗って、芸者にあれこれと勧めるのは野暮というもの。逆に、こうした勧めに躊躇《ちゅうちょ》なく食べたり飲んだりする芸者は、お世辞にもプロとはいえないだろう。

パチンコ店の店員が聞かれると困ることって？

テレビドラマなどでパチンコ帰りのシ

ーンがあると、どんなに出玉が多い時でも袋いっぱいのお菓子などの商品に換えられている。

だが、実際には出玉を換金所で現金に換金し、いくら勝ったの負けたのと一喜一憂するのがパチンコファンのセオリーであるのはいうまでもない。

では、なぜテレビではそれをあからさまに放映しないのか。そこには都合の悪い事情があるからだ。

じつは、風営法ではパチンコ店での現金および有価証券の提供を禁じている。つまり、パチンコ店のそばに必ずある換金所は、パチンコ店とはまったく無縁のものということになっているのだ。

したがって、パチンコ店のシーンを描くなら景品を商品に交換するしかないし、実際、一般の客がパチンコ店の店員に換金所の場所を尋ねても答えてくれないことが多い。

たいていはパチンコ店から歩いて1～2分以内の場所にあるものだが、初めての店で場所がわからない時は、店員に聞くのではなく常連客に聞いたほうが手っ取り早いというわけだ。

パチンコ店の店員が絶対に守らなければいけないルール

一度楽しみを覚えたら、ついアツくなってしまうのがパチンコだ。開店前の店先に行列ができているのを見かけたりすると、つくづく日本人のパチンコ好きを実感してしまう。

　さて、そんなパチンコ店の店員にもパチンコ好きは多い。まあ、好きでなければあれほど騒々しい場所で働く気にもならないだろうから、当たり前といえば当たり前なのだが。

　ふつう、アパレル店でもメーカーでも、そこで働く人は自社の商品を買ったり、使ったりするものである。だが、パチンコ店の店員に限っては、自分の店の台で遊ぶのはご法度だということをご存じだろうか。

　もちろん店員だからといって、全員が出る台を知っているわけではない。だが万が一、自分の店で大当たりの台に座ってしまい連チャンなどしたらほかの客からあらぬ誤解を招いてしまう。

　ギャンブルという性格上、勝手を知っている自分たちの店で遊ぶのは店の信用にも関わるのだ。

　いくら大金をつぎ込んでも出ない時は、これほどストレスがたまる場所はない。その横で見慣れた店員がパチンコ玉を出していたとすれば、反感を買うことにもなりかねないだろう。

キャバクラのBGMに隠された店の思惑

　どんな飲食店でも適度に客の回転率がよくなければ儲けが出ない。

いつもガランとしているのはもちろん困るが、満席の時に長々と居座り続けられるのも困るものだ。

食べ終ったらすぐ次の客と代わる、というのがマナーというものだろう。

これはキャバクラでも同じことで、同じ客が長居をするのもよくないのだ。

キャバクラの客は長居をすればするほど飲み食いをして金を多く使う、というわけではない。

ほとんどの客が少ない予算でできるだけ女の子と長時間おしゃべりをしようとするのである。

しかし店としては、ある程度飲んで楽しんでくれたら次の客と替わってほしい、というのが本音である。そうでないと店の売り上げ増につながらない。

そこで、キャバクラが活用するのがBGMだ。

満席で客がなかなか席を立とうとしない時は、わざとテンポの速い曲をBGMに流すのだ。

アップテンポの音楽がかかっていると、人は気分が高揚して、早く次の行動に移ろうとする。だから席を立つ人も増えて、客の回転率がよくなるのだ。

キャバクラに入った時、もしもアップテンポの曲が流れていたら、長居はしないに越したことはない。

気分もあわただしいが、女の子の接客もあわただしくなって、とても口説けるような雰囲気ではないはずだ。

流行語大賞に選ばれるかどうかの意外な基準

毎年12月になると新聞やテレビで話題にのぼるのが「流行語大賞」である。

これは、その年に生み出された言葉の中で最も多くの人々の支持を得たものを選んで表彰するというもので、現代を生きる老若男女がこの1年間を「言葉」で振り返ることができる師走《しわす》の風物詩となっている。

しかし、誰がどのようにしてこの流行語大賞を選んでいるのだろう。まさか日本中の人に対してアンケート調査でもしているのだろうか。

じつは、流行語大賞というのは『現代用語の基礎知識』の読者審査員からアンケートを募るところから始まる。

そしてそのノミネートされた言葉の中から、著名人で構成された選考委員会の面々が大賞を決めるというシステムになっている。

だから、たとえ選考委員の人たちが個人的に気に入った言葉があったとしても、それが毎年発行される『現代用語の基礎知識』に掲載されていなければ、けっして選ばれないというわけだ。

マスコミの注目度が高い流行語大賞に選ばれるためには、まず『現代用語の基礎知識』に掲載されるというハードルを越えることから始まるのだ。

歌舞伎で絶対にかけ声をかけてはいけないタイミング

「成田屋！」「音羽屋！」「いよっ！　待ってました！」という威勢のいいかけ声は歌舞伎の舞台につきものだ。芝居の雰囲気を盛り上げる効果があるのはもちろんだが、まわりの観客の拍手にも自然と力が入る。

人気の役者がここ一番の大見得《おおみえ》を切った時などは、誰でもつい声援を送りたくなるものだが、歌舞伎に精通したかけ声のプロたちはけっして勝手なタイミングで大声を出しているわけではない。

歌舞伎の世界では、かけ声が役者の台詞《せりふ》にかぶって重なってしまうのは厳禁とされているのだ。

そもそもこの声援は「大向こう」と呼ばれており、舞台から最も遠い席という意味の大向こうからきている。

昔から常連の歌舞伎通たちは舞台から遠い3階席に陣取ってかけ声を送っていたことから、しだいにそう呼ばれるようになったらしい。

だから、この「大向こうさん」たちはかなり歌舞伎に詳しくなければ務まらない。

演目の内容やその台詞、またそれぞれの役者の立ち回りのクセなど、すべて把握したうえで大向こうを決めなければならないからだ。

歌舞伎の世界には観客の側にも昔からの〝掟〟がある。

少し歌舞伎をかじったくらいで「成田屋！」と声を張り上げたりすると煙たがられることもある。

マジシャンがタネ明かしをしてはいけない本当の理由

ショーやテレビを通じて、観る者をワクワクさせてくれるのがマジシャンという職業だ。

巧みな手さばきでカードやコインを操り、驚くような技を繰り広げる。「タネも仕掛けもございません」という決まり文句とは裏腹に、もちろんすべてのマジックにタネもあれば仕掛けもあるが、いかなる場合でもマジシャンがそのタネ明かしをするのはタブーである。

基本的にマジックのタネは自分で考えるものより、購入するほうが多いからだ。

エンターテインメントの本場であるアメリカなどでは、専門のマジックショップやマジシャン向けの展示会で何千ドルもする高価な商品も売られている。

マジシャンはそうして仕入れたタネを練習し、自己流にアレンジして披露しているのだ。

だから、たとえばテレビ番組の企画などでタネ明かしするような場合は気をつけなくてはならない。

すでにハウツー本などで紹介され尽く

しているような一般的なマジックや、自分だけのオリジナルならともかく、新たに購入したタネの仕掛けをうっかりばらしたりすると、世界中のマジシャンのひんしゅくを買うことになる。

一度タネ明かしをされてしまえばそのマジックがやりづらくなるからだ。

過去には、あるテレビ局がマジックバーの経営者が逮捕されたニュースを放送する際に、事件とは無関係のコインマジックのタネをいくつか紹介したことに対して、マジシャンが財産権を侵害されたとして提訴した例もある。

マジシャンにとってタネ明かしは死活問題に直結する。ただでさえインターネットでネタバレしやすくなっている昨今、マジシャンの守秘義務はいっそう重くなっているのだ。

ディナーショーのチケットは5万円を超えてはいけない!?

気軽に楽しめるコンサートに比べて、どうにも敷居が高いのがディナーショーである。憧れの歌手のトークや生歌を間近で楽しめるという魅力はあるものの、ネックになるのがその高価なチケット代だ。

通常のコンサートが高くても1万円くらいなのに対し、ディナーショーは安くて2万円台、人気歌手ともなれば4万円台という価格設定もザラである。

しかし主催者側にしてみれば、ディナーショーの場合は会場のキャパが小さいうえチケットの売れ残りが少なく、食事代を差し引いても儲けが出やすい。

大掛かりな宣伝をしなくても、コアなファンが集まってくれればいいのだから、歌手にとってもじつにオイシイ企画なのである。

では、もっと利益を上げようと人気に乗じて青天井に価格を釣り上げていいのかといえば答えはノーだ。業界にはホテルで行われるディナーショーのチケットは5万円を超えてはいけないという不文律があるからだ。

この5万円というのは某大御所歌手のディナーショーの値段で、どれだけ人気のある歌手でもこのラインを超えないようにチケットの価格が設定されてきた。

そういう意味では、客への配慮というよりも大御所に対する〝配慮〟だといっていいだろう。

ところが2013年の年末になって、このオキテを破って6万円という国内最高額で初のクリスマスディナーショーを行なった大物アーティストが現れた。

しかも、これだけの高額設定であっても、販売された2回の公演分、約900席のチケットは予約が殺到し、もちろん即完売したという。

ただでさえ5万円という価格設定は安くない。景気の動向などで値が下がることはあっても、これ以上アップすることがないことを祈りたい。

ディズニーランドのスタッフが守らなければいけない独自ルールとは?

世界中で愛される〝夢の国〟といえば、いわずと知れたディズニーである。

日本にある東京ディズニーリゾートも年間およそ2500万人を集める人気スポットで、当然、その舞台裏では大勢の人たちが働いている。

東京ディズニーリゾートで働くアルバイトは「キャスト」と呼ばれるが、そのキャストには守るべき独自の規則がいろいろある。

特に身だしなみに関しては「ディズニールック」と称される細かい規定があり、ヘアスタイルから爪の長さまで細かく定められている。

たとえば、男性キャストはもみあげを極端に長く伸ばしたり、後ろ髪が襟足にかかるのはダメで、女性キャストも高い位置でのお団子ヘアや前髪を長く伸ばすスタイルは禁じられている。

爪も指の先端から3ミリ以上伸ばしてはいけないという決まりがあり、派手なネイルアートなどはもってのほかだ。

東京ディズニーリゾートにはおよそ2万人のキャストがいるが、スタッフにはこのディズニールックのチェックを専門に行う担当者もいる。

髪の色やアクセサリーに至るまで細か

く確認し、規定違反があれば即「出勤停止」もあるというから手厳しい。

もちろん、すべては客に不愉快な思いをさせないためのルールだ。

ちなみに最近、本国アメリカではこれまで禁じられていたキャストのヒゲが0Kになったことがニュースにもなったほどだ。さすがは夢の国だけあって、裏方にもこだわりがいっぱいなのである。

花火師が冬でも絶対にセーターを着ないワケ

夏場に花火大会が多いせいか、花火師は夏は忙しいけれど冬は暇なのではと思われていることが多い。

だが冬場は、次の夏に向けての花火づくりや新商品の開発などに追われてけっこう忙しかったりするのである。

じつは、冬場は花火づくりにとって大敵となる湿気も少ないし、運動会など花火を使ったイベントも少ないので、制作にはもってこいの季節なのだ。

だが、冬場になると花火師たちにとって天敵ともいえる静電気が発生しやすい。

静電気は、放電による引火や爆発の恐れがあるため、花火師たちは事故を起こさないために神経を尖らせなければならないのだ。

その対策の一環として花火師はいくら寒くてもセーターを着ることはなく、帯電を防ぐ綿素材の服を主に着用している。

セーターはほかの衣類と比較しても特に静電気が発生しやすいため、職人たちは寒さに耐えながら花火づくりに勤しまなければならないのだ。

また、出入口にたまった静電気を取り除く装置がある作業場も珍しくなく、火薬を詰める作業場には電灯すらないということもある。

何かの拍子で放電すると大惨事につながりかねない。職人はそれだけ細心の注意を払っているのだ。

落語家が寄席で避けなければいけない演目とは?

昔はお年寄りの娯楽というイメージでしかなかった落語だが、最近では少しずつファン層が拡大しつつある。

とりわけビギナーにうってつけなのが、さまざまな芸人のネタをちょっとずつ楽しめる寄席だろう。

通常、寄席には昼の部と夜の部があり、漫才やマジックを含めそれぞれ20組程度が出演するのだが、じつはそこには客席からは窺い知れないルールがある。

寄席に出演する噺家《はなしか》は自分の出番に合わせて楽屋入りし、高座に上がる前には必ず楽屋に置いてあるネタ帳にその日に演じるネタの題名を書くのが決まりだ。

そして、あとから出演する噺家は自分の出番前にそのネタ帳を見ることになるのだが、この時すでに演じられたネタは避けなくてはいけないという習わしがあるのだ。

まったく同じネタはもちろんのこと、人情モノばかりが続いたりするのもよくないので、ネタの種類も変化をつけなくてはならない。

たとえば、落語家が12人出演する寄席であれば、トリを飾る噺家はすでに演じられた11人のネタは封印しなくてはならないということなのだ。

寄席の出番は前座、二ツ目、真打と、後ろへいくほど階級が上がっていくので、持ちネタが少ない若手が「演じるモノがない！」と慌てることはないが、逆に幅広いレパートリーを持っている真打といえども、苦手なネタしか残っていない場合もある。

そう考えれば、この習わしは笑いの裏に隠された厳しいオキテといえるかもしれない。

男は宝塚歌劇団の楽屋には入ってはいけない!?

たとえば古くから信仰の対象とされてきた霊山などには、女人禁制の場所が多い。

また、国技であり古代の神事ともいわれる相撲の世界では、いまだに女性が土俵に上がることをよしとしていない。

では逆に、男子禁制の場所といえばどこがあるだろうか。江戸時代の大奥、女子大の寮、女性専用車両などが思い浮かぶが、もうひとつ思わずなるほどと思ってしまう場所がある。

それが宝塚歌劇団の楽屋だ。そう、男性はタカラジェンヌの楽屋にけっして足を踏み入れてはいけないのだ。

もちろん、あれほどの大劇団なのでスタッフや裏方には男性もいるが、しかし、着替えやメイクをする楽屋にはスタッフといえども、男性が勝手にずかずかと入ることは許されないのだ。

ただし、すべての人がダメかというとそうでもないようだ。

演出家や劇場関係者などが、どうしても楽屋を訪ねなくてはならない場合は、男性が楽屋に入ることをあらかじめ知らせるのが慣例だ。そして「どうぞ」と許可が下りて、ようやく入室できるのである。

能を鑑賞する時は、拍手をしてはいけない

舞台の上に演者が登場すれば、自然と拍手をしてしまうものだ。芝居などでは拍手とともに「待ってました」の掛け声で役者も気分よく演技を始められる、ということもある。

舞台に向かって拍手を贈るのは観客にとって当たり前のことだと思っている人もいるだろう。

ところが、拍手をしてはならない舞台がある。それは、能だ。

能は、開演の時も終演の時も拍手をしない。拍手はマナー違反とされているからだ。

これは能という演劇の持つ独特の形に関係がある。

まず、能の舞台と客席の間には幕がない。しかも始まる前から終わったあとまで舞台は同じ明るさで照らされていて暗転もしない。舞台は観客の目に常に晒《さら》されているのだ。

さらに囃子《はやし》方《かた》が、静かに、まるでいつの間にかそこにいたというような感じで現れ、演じるシテ・ワキも、やはり同じようにしずしずと登場する。

終わったあとも観客に向かって挨拶することもなく、やはり静かに退場していくのだ。

じつはこれが能というものの特徴で、いつの間にか始まり、いつの間にか終わる。まるで夢を見ていたかのような気分の中で、能の世界に身をゆだねるわけだ。

そんな能に拍手はふさわしくない。終わったあとも、ただ余韻にひたっているのも能らしさなのである。

落語家の昇進を決める大事な基準とは？

落語が静かなブームである。寄席へ足を運ぶ若い人が増えているだけでなく、落語カフェなるものまで登場して落語がより身近なものになっている。

おかげで今では、落語家の中では「真打」と呼ばれる人が偉い、などということを知っている人も増えた。

とはいえ、そこは師弟関係の厳しいことで知られる落語の世界だ。面倒なしきたりもある。

落語家の昇進について詳しくいえば、師匠のもとへ入門した新人は、まず「見習い」から始まり、「前座」「二ツ目」と昇進していき、そしていよいよ「真打」となる。

みんな真打を目指して日夜稽古に励んでいるのだ。

ただし、この真打、実力さえあれば誰でもすぐなれるわけではない。

ここはやはり年功序列の世界で、まれに協会（落語協会および落語芸術協会）の推薦や席亭（寄席の主催者）の推薦で昇進するケースもあるが、基本的には年下の者が年上の者よりも先に昇進することはないのである。

だから、なかなか落語が上達しないで真打に昇進できないでいると、後輩は困るのだ。

競馬場でのモノの貸し借りが厳禁なのはなぜ？

昨今では、ギャンブル好きのおじさんだけでなく家族連れや若いカップルも訪れるという競馬場。

ＪＲＡのＣＭには人気俳優やアイドル

が起用され、夜のトゥインクルレースは隠れたデートコースのひとつにさえなっている。

しかし、どんなにオシャレなイメージが定着しても、競馬場に行けば〝賭博場〟ならではのタブーがしっかりと存在しているのを忘れてはならない。

じつは、競馬場ではモノの貸し借りがご法度なのである。

というのも、ギャンブルで何より必要とされるのは強力な〝運〟である。

その運が向いてきている時に、誰かにモノを貸せばそれと一緒にツキまで逃げてしまうことになる、と考えるギャンブラーは少なくない。

みすみす幸運を逃さないためにもモノの貸し借りは厳禁なのである。

だから、そうした掟を知らない新参者が古くからの競馬ファンに「タバコの火を貸してください」なんて声をかけたらもう大変だ。

ギロリと睨まれるだけならいいが、一歩間違えばケンカにもなりかねない。

競馬場でうかつにモノを借りるのは思わぬトラブルのモトなのである。

どうして馬券の紙ふぶきは禁物なのか

絶対にくると信じて買った馬券だが、ゴールに向かって飛び込んできたのは別の馬だった。大枚はたいて買った最後の馬券がただの紙くずになってしまえば、ビリビリに引き裂いて撒き散らしたくなる気持ちもわからないではない。

しかし、いくらくやしくても、競馬場のゴール近くで馬券を紙ふぶきにして撒くのは禁物だ。これは絶対にやってはならないマナー違反なのである。

馬がいかに神経質な動物かということは競馬をやる人なら十分に知っているだろう。特にゴール直前は馬も騎手も最高に緊張している。

そんなところへ予想もしていなかった紙ふぶきが舞ったら、騎手も驚くが、それ以上に馬が動揺する。集中力を失って失速したり、場合によっては騎手が落馬することもあり得る。

そうなれば、騎手が命を落とすことにもなりかねないのだ。

同じ理由から、奇声を上げたり楽器を鳴らすなど馬を驚かせる行為もやってはならない。いうまでもなくカメラのフラッシュも絶対禁止だ。ゴールの瞬間はただひたすら、自分が賭けた馬を最後まで見守る。これに尽きるのだ。

水族館で飼ってはいけないスルメイカの謎

家族との行楽だけでなく、水族館はデートスポットとしても人気がある。特に最近では水槽の形に凝ったり、イルカやアシカのショーに力を入れるなど客を楽しませる努力を惜しまない。

ところで、海の生き物なら何でも見られそうな水族館だが、じつは知名度は抜群なのにほとんど展示されることがない生き物がいる。それはスルメイカだ。

マンタのように巨大でもないし、トドのように重量級なわけでもない。餌代もたいしてかからないように見えるスルメイカがなぜいないのか。その理由は、スルメイカの複雑な生態にある。

まず、スルメイカは外洋性の生き物で、回遊する範囲が他の海の生物に比べて広い。なかには数カ月で日本を1周してしまうほど活発に動くこともある。

そのためどんなに広い水槽でもガラスに勢いよくぶつかって傷ついてしまうので、なかなか長生きできないのだ。

それに、スルメイカは海の生物の中ではきわめて虚弱な生き物だ。そのくせ、スルメイカだけを狭い空間に押し込めると共食いしてしまうという習性もある。

それを考えると、ほかの水族館にいないからといってスルメイカを飼おうとするのは無謀な話だ。水族館ではスルメイカを飼わないのではなく、コストや維持管理を考えると展示を続けるのが難しいからというのが本音なのだ。

お化け屋敷のスタッフが絶対やってはいけないことって何？

お化け屋敷といえば遊園地の定番アト

ラクションのひとつだ。

カートに乗って移動する客を機械仕掛けのお化けたちが脅かしてくるところも多いが、昔ながらに通路を歩いているとお化けに扮した人間が追いかけてくるお化け屋敷も臨場感があって根強い人気がある。

この後者のお化け役のスタッフだが、じつは客には触れてはいけないという暗黙のルールがある。

お化けが追いかけてきた時に恐怖のあまりその場に立ちすくんでしまったとしても、お化け役の人は客を捕まえたり触れたりはしないのだ。

お化け屋敷の設定にもよるが、お化けはたいていゾンビだったり幽霊だったりする場合が多い。幽霊に触られて人間の温かい体温が伝わってきたりしたらそれこそ興ざめである。

また、触れたことにより事故が起きてもいけないし、女性客がお化けにセクハラされたなんて訴えられても困ったことになってしまう。

今度、お化け屋敷に行ってお化けが追いかけてきたら近寄ってみることをオススメする。きっと困惑したお化けのほうが一目散に走って逃げていくだろう。

ルールには書いてない麻雀のタブーあれこれ

勝負事にもさまざまな種類があるが、

マージャンほど頭の体操になるゲームもないだろう。

点数計算や役の種類などは一朝一夕ではとてもマスターできないが、一度覚えてしまえばあとは一生つき合える趣味になる。最近では、老人会などで卓を囲むことも多いそうだ。

多少ルールが複雑なのはいうまでもないが、マージャンを打つ者なら覚えておきたい約束事がいくつかある。

勝ち逃げや、逆に勝つまでやめないといった子供じみた行為もそうだが、やはり多いのはゲーム中におけるルール以外のタブーである。

たとえば、そのひとつがリーチをかけて上がる前に裏ドラを見てはいけないというものだ。

マージャンを打つ人には説明するまでもないが、リーチをかけたらあとはツモるだけで自分の手を二度といじることはできない。

したがって、自分だけ裏ドラを見てもゲーム自体には何の影響もないのだが、残りの3人にしてみれば何とも不快な行為に映る。

ましてや、裏ドラを見て「高くなったよ」などと不敵に笑われれば、不愉快もいいところだ。

同じように、リーチをした後にほかの人の手を覗くのも避けるべきだ。頭脳的なゲームだけに、楽しむ側も品のない行為は慎んだほうがいい。

博物館が「撮影禁止」になっている本当の理由

それまで美術や工芸にはまったく関心がなかったのに、実物を目にしたらあっという間に魅了されたというケースはよくある。

自分の中に眠る感性を磨くためにも、たまの休日に博物館や美術館に出向いてみるのはいいものだ。

ところで、どこの博物館や美術館にも入口には鑑賞時の決まりが掲示されているが、なかでも必ずといっていいほど書かれているのが「撮影禁止」の文字だ。基本的にこうした場所での撮影はできないと思っておいたほうがいい。

理由はカメラのフラッシュから貴重な美術品を守るためである。特に製作年代の古い絵画などにフラッシュの強い光は致命的で、何度も強烈な光を浴びてしまうと変色して傷んでしまうのだ。

だが、なかにはそうした注意を無視し、誰も見ていないからとフラッシュをバチバチたいて撮影するような人もいる。

日本でもひんしゅくを買うのはもちろんだが、これを海外でやるとたちまち警備員がやってきて大問題になるし、国によっては犯罪として処罰されかねない。

博物館や美術館だけでなく寺の宝物殿やデパートなどのギャラリーも同じだ。仮に撮影禁止と明記されてなくても、自らフラッシュを控える配慮がほしい。

蛍観賞で守らなければいけない鉄則とは？

初夏の風物詩のひとつに蛍《ほたる》がある。街中ではさすがに見ることはできないが、ほんの少し郊外に足を延ばせば、闇夜に光るかわいらしい姿が観られる場所もまだまだ多い。

わざわざ観に行くのだから、せっかくなら写真でもと思う人もいるだろうが、ここで覚えておいてほしいのは蛍にはカメラのフラッシュは禁物ということである。

理由はいたってシンプルで、蛍が強い光を嫌うからだ。

蛍はデリケートな生き物のため、強い光や大きな音などが大の苦手だ。蛍観賞ではフラッシュをたかず、静寂を守るのが基本なのである。

カメラのフラッシュや懐中電灯で照らされたり、大声で騒ぎ立てられたりすると、あのおなじみの乱舞も見られないし、ひどい場合は光さえ発しなくなることもある。風流な蛍観賞を楽しみたいなら、ぜひこのルールは守りたい。

絵を買うなら覚えておきたい価格設定の秘密

絵画の値段は、一般の人にはなかなか

わかりにくいものだ。日本では絵の大きさを表す「号」という単位があり、画家によって、その号数ごとに値段が決まっている。

「○○氏の作品は号当たり○万円だから、100号の絵なら○万円×100号」という具合だ。

では、この号当たりの価格はどうやって決められるのだろうか。

基本的には、その画家が何かの展覧会に入選したり受賞したりすることで価格が上がっていく。社会的認知度が高い画家ほど作品の値段も上がるということになる。

なかでも最も価格が高いのは、芸術院会員に選ばれた画家の作品である。日本の画壇では、芸術院の会員が社会的地位としての最高位ということになる。だから、この会員に選ばれた画家の作品が最も高価になるのだ。

ところが、芸術院会員にまで到達した画家であっても、その画家が亡くなると価格は一気に下がることが多い。日本では、死んだ画家の作品には高価な値段はつけないのが通例なのだ。

価格は、あくまでもその画家の置かれている社会的地位や認知度によって左右されるもの。画家が死んでしまえば、その地位も名誉もなくなるわけだから、絵の価格も下がる傾向が強いのだ。

シビアな世界だが、それが日本の画壇の実態なのである。

結婚式場のエレクトーン奏者は譜面を見てはいけないって本当？

地味婚、派手婚、アットホーム婚など、結婚式にもトレンドはあれど、やはりホテルや結婚式場でのオーソドックスな披露宴は常に一定の需要がある。

その場合、新郎新婦の入場には「結婚行進曲」の生演奏というのが王道だが、この時エレクトーン奏者は譜面を見ながら演奏してはいけない。

といっても、譜面持ち込み禁止のルールがあるとか、譜面を見ると縁起が悪いとか、そういった類の理由ではない。

披露宴が始まると、まず会場の照明が落ちる。

その中で新郎新婦入場のきっかけをつくるのがエレクトーンの音であり、奏者は当然暗がりの中での演奏を余儀なくされるわけだ。つまり、譜面など見たくても見られないのだ。

BGMを担当するエレクトーン奏者の手元には小さなライトが置かれているのでかろうじて鍵盤を確認することはできるものの、譜面台までは見ることができない。

それに入場やキャンドルサービスは、進行に合わせて適度にリピートしたり、自然に曲を終わらせたりしなければならない。そもそも譜面どおりにしか弾けないようではプロ失格といわざるを得ないのだ。

総理大臣を参議院議員から出してはいけないって誰が決めた？

政治家を志す人なら、誰もが夢見るのが内閣総理大臣のポストだ。日本のかじ取りができるという意味では何物にも代えがたい仕事といえる。この総理大臣の地位に就くには国会議員であるのが絶対条件だが、じつは参議院議員からは出してはいけないという、暗黙のルールが存在する。

これは、内閣総理大臣が衆議院の解散権を持っていることが大きい。仮に参議院から選出された首相が「民意を問う」と言って衆議院を解散した場合、他の議員たちが厳しい選挙戦にさらされるなか、自分だけはのうのうと議員を続けることになる。これでは首相としての威厳を示せなくなり、与党の大敗につながりかねない。

そのせいもあってか、衆議院議員の選挙では、たまに参議院議員がその職を辞して鞍替え出馬することがある。落選すれば議席を失うリスクもあるが、それでも出馬をするのは、衆議院のほうが参議院に比べて政治的な影響力が大きく、総理大臣のポストに大きく一歩近づけるからなのだ。

3

ルールブックには載っていない「スポーツ界」の掟

相撲の弓取式で弓を落としてしまったら足で拾う

大相撲ですべての取組みが終わり、熱気が残る土俵の上で最後に行われるのが弓取式だ。さっさと帰る観客も多いが、本当の相撲好きはこの弓取式にも「よいしょ」の声をかける。そして、その日の取り組みの余韻に浸るのだ。

もともとは織田信長から優勝の弓を賜《たまわ》った力士が、その弓を持って土俵上で舞を舞ったのがはじまりとされる弓取式だが、じつは意外なタブーがある。

もしも力士が弓を落としてしまった場合、絶対に手で拾い上げてはならないのだ。ではどうするのかというと、足で跳ね上げて手で受け止める。礼儀を重んじる相撲の世界だが、落とした弓は意外にも足で拾うのである。

土俵に手をつくと「負け」になるのが相撲の世界。力士が土俵に手を触れるなどもってのほかと考える人も多いだろうが、そうではない。

じつは、かつて弓を落とし、それを足で拾った力士がいたのだ。大正時代に活躍した常陸島という力士がその人だ。

常陸島は弓取式の最中に弓を落としたが、少しもあわてず、弓の端を足で踏んで、跳ね上がってきたところを手で「はた」と受け止めた。その動きがじつに素晴らしいと評判になり、それ以降は落ちた弓は足で拾うことが習慣になった。

たしかに力士が「よっこいしょ」と弓を手で拾い上げる姿はあまりカッコのいいものではない。まさに相撲への美意識が生み出したタブーだといえるだろう。

手形を押していい力士、ダメな力士の境界線とは？

ただサインだけが書かれている芸能人の色紙と違って、力士の色紙には必ずといっていいほど手形が押されている。

ふつうの人よりもはるかに大きな手形が押されているのを見ると、力士の大きさをつくづく実感できるものだ。

色紙だけではない。何かというと力士は手形を押す。体の大きさをアピールするのに手形ほどわかりやすいものはないだろう。

しかし、そんな力士の手形入りの色紙をよく見てみると、あることに気づく。手形を押しているのは必ず十両以上の力士だけで、十両以下の力士の手形はないのだ。

じつは相撲界では、十両以下の力士は手形を押してはならない、という約束事があるのだ。なんといっても上下関係のはっきりした社会だ。食事や風呂の順序はもちろん、いろいろなしきたりが残っている。

手形にもまた、十両以下の力士は押すべからず、という不文律があるのだ。

プロレスで相手が技を仕掛けてきた時のいい「受け方」

リング上で横たわっているレスラーに向かって、コーナーポストの上に飛び乗ったレスラーが飛び降りる。

横たわっている選手は何とか体をずらして逃げればいいのに、まったく逃げる様子もなく、飛び降りてきた選手の攻撃をまともに受けてしまう。

見ていて歯がゆい場面だが、プロレスを見ているとこういうことはめずらしくない。

ロープに飛ばされて反動で跳ね返ってきた選手が激しいチョップを食らう、頭を抱えられてコーナーポストにぶつけられる、といった場面を見ながら、何とかして避けようと思えば避けられるのに、と思う人も多いだろう。

しかし、それは違う。じつはプロレスでは、相手が仕掛けてきた技を避けるのはタブーなのだ。

これはプロレスがあくまでも「見せるもの」で、広い意味での「芸能」であるがゆえに成立しているルールである。

鍛え抜かれた肉体と肉体がぶつかり合い、人並みはずれた技を掛け合う、そこにプロレス独特の醍醐味や美学があるのだ。

ほかのスポーツなら、いかに相手の技から逃れるかが重要になるが、プロレスは技そのものを見せることも魅力のひとつである。

技を仕掛けるほうはもちろん、技を仕掛けられ、受ける側にも見事な〝受けっぷり〟が要求されるのである。

だからプロレスラーには、技を掛けるだけでなくそれを受ける訓練と技の掛け合いに耐えられる肉体が重要なのだ。

サッカーの審判のミスジャッジはどう考えるのが正しい？

ともかくゲームの流れが速く、瞬時に局面が逆転するのがサッカーだ。

1個のボールをめぐって多くの選手が入り乱れる展開のなか、審判の働きも重要になる。

ひとつのジャッジが勝敗を分けることもあるし、もちろんミスジャッジは絶対にあってはならない。

ところで、もしもミスジャッジがあれば、その審判には何らかの処分が下されるものだと誰もが思うだろう。

ところが、Jリーグの審判には誤審をしても何の処分もない。「おとがめ無し」というのが慣例になっている。

これは、サッカーの試合では主審にすべての権限が与えられているからだ。

プロ野球の審判が誤審をした場合に、減俸や2軍戦降格などの処罰があるのとは対照的だ。

また、国際サッカー連盟のブラッター

会長の「八百長などの不正をなくすためには審判をプロ化するべき」とする考えから、サッカーの審判はほかのスポーツと比べてかなり優遇されている。

1級審判の中のエリートであるプロフェッショナルレフリー（PR）ともなれば、年収は2000〜3000万円にもなり、J1で笛を吹けば1試合あたり10万円以上の手当てがつく。まさに破格の待遇なのだ。

だが、Jリーグでは「ミスジャッジではないか？」という疑惑のジャッジも少なくない。

サッカーを真から楽しめるよう、審判は確かな目でジャッジしてほしいものである。

サッカー場で笛を吹くのがタブーのワケ

サッカーの試合にはサポーターの盛り上がりは欠かせない。サポーターの応援があるかどうかで選手たちの意欲や集中力が違ってくることもある。

そんな選手たちのために、サポーターもマナーを守って最高の応援をしたいものだ。

そのサポーターには、やってはならないことがいくつかある。なかでもつい忘れがちなのが笛を吹くというタブー。これは絶対にしてはならないことだ。

大きな音を立ててにぎやかに応援した

いと思うあまり笛を持ち込む人がいるが、しかし試合中には審判がしょっちゅう笛を吹く。

もしも、サポーターが笛を吹いたら選手たちは迷ってしまい、プレーができなくなる。試合そのものの流れを止めてしまうことになるので、笛は絶対に吹いてはならないのだ。

ほかにも座席の上に立ったり、通路に座り込んで応援してはいけない、フィールドの中に入ったり、モノを投げ込んではならないなどの基本的なルールがある。

サポーターが気持ちよく応援できないと、選手たちの士気も下がってしまう。笛を吹かないのはもちろん、マナーを守って選手たちのがんばりをうまくサポートしたいものだ。

サッカーで相手選手が倒れた時に守るべき裏ルール

サッカーの試合を見ていると、時々選手がわざとピッチの外にボールを出して相手チームにスローインをさせることがある。事情を知らない人には奇妙な光景に映るが、じつはここには、サッカー独特の暗黙のルールがあるのだ。

試合中に選手が他の選手とぶつかって思わぬケガをしたり、その場に倒れてしまうことがある。ふつうは審判の笛でゲームが中断するが、審判の判断でゲームを続けることも多い。

しかし、なかには「ここは試合を止めたほうがいい」と判断する選手もいる。そんな時、わざとボールをピッチの外に出すのだ。

ボールを出すのは、ケガをして倒れた選手と同じチームの選手の場合もある。また、相手チームの選手がケガ人を気遣って、あえてボールを出すこともある。

問題はその後だ。当然ルール上スローインになるが、どちらがスローインをするにしても、自分本位なことはしない、という暗黙の了解がある。

もしもケガ人と同じチームの選手がボールを出せば、相手チームのスローインだが、その際、相手チームは中断する前にボールを持っていた相手チームのプレーヤーにボールを返すようにする。

また、対戦相手がボールを出せば、ケガ人のチームのスローインになるが、自分のチームのためにわざとボールを出してくれたのだから、その際にはボールを相手に返してやるのだ。

これを無視して、自分のチームに有利なスローインをするというタブーを犯すと、激しいブーイングに見舞われるし、スポーツマンとしての資質を問われることにもなるのだ。

女子プロレスラーに課せられる厳しい掟とは

女性にしかわからない悩みのひとつに

生理がある。身体の大切な機能のひとつなのだから悩みととらえてはいけないが、しかし実際には女性にとって憂鬱なものだ。

学校では生理のために体育の授業を休むことがあるし、会社勤めをしていても生理休暇が認められる場合がある。それだけ女性の心身に大きな影響があるものなのだ。

ところが、この「生理が重いから休む」という言い訳は、女子レスラーには通用しない。女子プロレスの世界では生理休暇は基本的にないのである。

いうまでもなく、ケガや故障は当たり前の世界だ。骨にヒビが入ってもテーピングして試合に出場する。ケガで出血しても、多くの場合そのまま試合が続けられたりする。

そんな世界にいる女子レスラーにとって、生理だから休むなどとは間違っても言ってはならない。生理はケガでも故障でもないので、弱音を吐くわけにはいかないのだ。

とはいえ、現実はなかなか厳しい。生理日と試合が重なれば生理用品を二重三重に使ってガードするし、生理痛が重そうなら薬で生理日そのものをずらすこともある。

女子レスラーは対戦相手とだけ戦っているのではない。女性特有の生理現象のつらさを乗り越えてリングに上がっているのだ。

サーフィンで人が乗っている波に後から乗ってはいけない

大自然を相手にするサーフィンの世界には、単なるマナー違反程度ではすまされない、一歩間違うと大きなケガにつながりかねないタブーがある。

サーフィンは原則として、ひとつの波には1人しか乗ってはいけないことになっている。すでに先に乗っている人がいる時に少し離れているから大丈夫だろうと、その人の進行方向に割り込んで波に乗ってはいけないのである。

この行為は「ドロップ・イン」とか「前乗り」と呼ばれる危険なもので、割り込まれたサーファーは、口笛を吹いたり大声を出したりして相手に危険を知らせることになっている。

逆にうっかりして他人の波に乗ってしまった場合は速やかに譲るのがマナーだ。

ちなみに、波に乗る時の優先権は、その波のピーク（頂上）に一番近いところで波を待っていた人にある。

サーフィンには「ローカリズム」という言葉があって、その海を知り尽くした地元のサーファーに敬意を表することを忘れてはいけない。

マナー違反を繰り返して地元のサーファーの間で悪評が立ってしまうと、二度とその海でサーフィンはできないということもあるという。

プロ野球の年俸交渉の意外なカラクリ

プロ野球の日本シリーズが終わると、とたんに聞こえてくるのが大物選手や監督の進退問題、そして年棒の話題だ。

野球選手の〝給料〟は球団との話し合いによって決められるが、その交渉については新人や若手から行われるのが慣例になっている。

なぜなら、年棒の交渉は大物になればなるほどモメるもの。選手と球団の間で金額の折り合いがつかず、何日も決着しないことはザラだ。

逆に、若手や新人との交渉となれば、やはり球団のほうが立場が上になる。多くを要求されることもなく早々にケリがつくし、何よりここでできるだけ低くしておけば、あとに残ったベテラン選手たちがゴネた時のための予算を確保しておけるというわけである。

なかにはたいした活躍もしないで億単位の年棒をもらって非難を浴びるベテランもいるが、基本的には実力と年棒が正比例する世界。若手は実績を上げるしかないのである。

自転車のスプリント競技はなぜスタートダッシュしない？

事情を知らないで見ていると、不思議

だなと思うのが自転車のスプリント競技だ。

2人で争う競技だが、スタートしてもどちらもゆっくり走り、完全にスローペースなのだ。微妙にバランスをとりながら、時にはほとんど止ってしまうことさえある。

そんなことをしてないで一気にスタートダッシュをして、そのまま逃げ切ってしまえばいいだろう、と見ていて歯がゆくなる。

しかし、スプリント競技ではスタートダッシュはあり得ない。全力疾走した選手は必ず負けるからだ。

この競技で最も考えなければならないのは、風の影響だ。見ているだけではよくわからないが、選手にとって問題なのは、いかにして風の抵抗を受けることによる体力消耗を食い止めるかなのである。風をもろに受ければそれだけ無駄に体力を消耗するからだ。

この競技の勝負が決まるのはラスト1周のスパートだ。

そのスパートで全力疾走するためには、風による体力消耗を防がなければならないのだ。

そんな状態の中で、もしものっけからスピードを上げれば、相手の選手は先行する選手のあとにピタリとついていく。風をよけて体力が温存できるからだ。そして、体力温存したほうの選手がラストスパートを制して勝つことになる。

それがわかっているから、スタートダッシュをかけることはない。ゆっくり走って、どちらが先に出るかの微妙な駆け引きをしながら、ラストスパートのための準備をしている、そう思いながら見ると緊張感も高まるのだ。

メジャーリーグでは背番号「42」を使ってはいけない!?

色とりどりのユニフォームでファンの目を楽しませてくれるアメリカのメジャーリーグだが、毎年4月15日になると、グランド上には目を疑いたくなるような光景が広がる。

その日行われる試合では、すべてのチームの選手とコーチが背番号「42」のユニフォームを着用して試合に臨むのである。選手ばかりか審判までもが袖にこの番号をつけるという。

これは、1947年に近代野球で初の黒人メジャーリーガーとなったジャッキー・ロビンソンの栄誉をたたえるためのものだ。

彼がデビューを果たした4月15日を「ジャッキー・ロビンソン・デー」として、全選手が彼の背番号である42を背負ってプレーするのである。

ちなみに、この42という背番号は1997年から全球団共通の永久欠番に定められているので、毎年、4月15日にだけ許される背番号というわけだ。

それにしても、たった1日のために特別仕様のユニフォームを全選手分を用意するのだから、プレー同様メジャーリーグのスケールの大きさには驚かされるばかりだ。

メジャーリーグでやってはいけないアレコレ

プライドをかけた力と力の真っ向勝負と評されるアメリカのメジャーリーグは、プロ野球選手なら誰でも一度は憧れるという夢の舞台だ。

最近では多くの日本人プレーヤーが活躍するようになり、憧れの舞台も以前よりは身近になってきたが、それでも、日本の「野球」とアメリカの「ベースボール」は似て非なるものだといわれることがある。

メジャーリーグには、ルールブックには書かれていない多くの暗黙のルールがあるのだ。

たとえば、点差が開いているときには、リードをしているチームの選手はバントや盗塁などのプレーをしてはいけないという。これは相手への侮辱行為とみなされ、観客からの手厳しいブーイングが浴びせられるばかりか、相手チームから思わぬ〝報復〟を受けることもある。

バントや盗塁ばかりではない。過去には、大差でリードしている試合にもかかわらず、ピッチャーのストライク球を狙い打ちして、みごとにホームランを放った日本人プレーヤーがいた。

ところが、彼は翌日の試合で、相手チームの報復ともとれるデッドボールを受けてしまったのだ。メジャーリーグの暗黙のルールを語るうえで忘れられないエピソードである。

相撲や剣道で勝者はガッツポーズをしてはいけない

2009年、大相撲初場所の千秋楽でみごと優勝を決めた元横綱の朝青龍は、土俵の上で両手を高々と上げてガッツポーズをしてみせたことがある。

ところが、この派手なパフォーマンスに対して横綱審議委員会から厳しい意見が出された。伝統ある大相撲であのようなパフォーマンスは横綱として品格がなさすぎる、というのだ。

国技として代々、礼儀を重んじて伝統を守り通してきた相撲界では、勝者には敗者に対する配慮が求められ、礼を欠くようなことがあってはならないとされている。

そのため、明文化こそされていないものの、土俵の上でガッツポーズなど感情を表すことはご法度とされているのだ。

こうした精神は日本古来の武道の世界にも通じるもので、実際にある剣道の試合では、勝者が小さなガッツポーズをしてしまったために審判から負けを宣告されたケースがあった。

相撲は神事であって興行ではないのか、それとも相撲もれっきとしたプロスポーツなのか。相撲のあり方をめぐる論争は尽きることはない。

カップインしたゴルフボールを取る時のタブー

ゴルフでは最後の数センチのパットが勝負の行方を左右することがあるが、プロからアマチュアまで多くの名勝負が繰り広げられるグリーン上は、広いコースの中でも特に繊細だ。ちょっとしたことで芝のラインが変わり、ボールの動きが一変してしまう。

そこでプレーヤーは、グリーンの上を歩くときには「スパイクマーク」といわれるスパイクの跡をつけたり、特に相手のパッティングラインの芝を踏むようなことがあってはならない。

また、グリーンの上で足を引きずるようにして歩いたり、ましてや次のプレーヤーのために早く打とうとして走ったりすることなどはもってのほかだ。

そして、先に自分のボールがカップインしたときには、離れた場所から手を伸ばしてボールを拾い上げるのがマナーだ。

たとえ自分のプレーが終わったからといっても、これからパットをするプレーヤーのことを考えずに、カップの周りにスパイクマークをつけるなどはけっしてやってはいけない行為である。

いかに勝ち負けを争うとはいえ、共にプレーする相手を思いやり、そのプレーに敬意を表する。この心得こそが、ゴルフが紳士淑女のスポーツとされる所以なのだ。

力士は左手で懸賞金をもらってはいけない

懸賞がかかった取り組みに勝った力士が、軍配の上に載せられた祝儀袋を恭《うやうや》しく受け取る。

この時に欠かせない礼儀作法が、軍配に向かって右手で左・右・中の順に手刀を切るという動作だ。

力士が手刀を切る風習は古く江戸時代にまでさかのぼり、現在では日本相撲協会からも「懸賞は手刀を切って受け取ること」と通達が出されている。

ところで、この手刀の切り方をめぐってかつてある騒動が持ち上がったことがある。

左利きの横綱が左手で手刀を切って左手で懸賞金を手にしていたが、これについて横綱審議委員会から待ったがかかったのである。

そもそも、手刀を切るという動作には意味があって、三方にいる五穀豊穣を司る三神への感謝の意を表している。

手刀は神聖な土俵の上で行う勝者の作法であり、神事であると考えられているのだ。

ましてや、力士が外出する時の服装を着物か浴衣に定めているほど伝統や格式を重んじる相撲界のことである。古くからの作法に反して、左手で手刀を切ることはタブーとされているのもわからないではない。

ちなみに、手刀を切るのは日本人特有のしぐさで、欧米では見ることはない。

登山の前に絶対忘れてはいけないこととは？

一時の〝山ガールブーム〟もあり、登山はかなり身近なレジャーになった。シーズンになると、若いカップルや家族連れなどで山頂がにぎわうこともめずらしくない。

だが、その一方で山の知識を持たずに入山する人も増えている。

どんなに登山経験がある人でも、道を間違えてさまよったり、急な天気の変化で方向を見失って遭難することはある。

そこで、登山者のルールになっているのが「登山計画書」の提出だ。

これは、「登山届」や「入山届」ともいわれるもので、登山者の人数と氏名、コース、時間、宿泊予定の山小屋、下山予定、緊急連絡先などを記入する。

提出先は、山を管轄する県の警察本部地域課や山岳会で、郵送やインターネットでも受けつけている。

また、それと同じものを家族にも渡しておかなければならない。

最近では遭難者自らが山から携帯電話を使って救助を要請することも多いが、場合によっては携帯電話が使えないこともある。そんなときに、捜索願を出せるのは家族だからだ。

万一、遭難しても命を落とさないために、絶対に必要な書類なのである。

天気のいい日に新雪の上をスキーで滑るのは危ないワケ

雪崩《なだれ》というと、かなり大きな山でなければ起こらないと信じ込んでいる人もいるが、実際には身近なスキー場でも雪崩が起こる可能性はある。

もちろん、人が巻き込まれて大惨事になるような規模の雪崩も十分に起こり得る。

しかし雪山に慣れていないと、どんな状態だと雪崩が起こりやすいか、どうすれば雪崩を引き起こす可能性があるのかがわからない。

最も冒しやすい危険は、新雪の上を滑ることだ。

何の跡も残っていない新雪を見ると、ついそこを滑ってみたくなるスキーヤーやスノーボーダーもいるだろう。

ところが、これは危険な行為だ。特に天気のいい日に新雪の上を滑るのは雪崩のスイッチを入れるようなものなのだ。

天気がいいために雪の表面が溶けて雪がゆるんでいるからで、そこをスキーやスノボで滑って刺激すると、それだけで雪崩を引き起こすことがある。

斜面に積もっている雪がうまくバランスをとっている間はいいが、そこをスキーやスノボで横切ることでバランスがくずれ、雪崩になるのだ。

スキーヤーやスノーボーダーは滑って逃げることもできるかもしれないが、雪山には登山者もいれば仕事で山に入っている人もいる。雪崩はそんな人々も容赦なく襲うのだ。

新雪の恐ろしさをしっかり認識して、雪崩に巻き込まれることだけは避けるように心がけたい。

パットの時にシャッターを切るのはなぜダメか

宮里藍や松山英樹選手など、若いプロゴルファーの活躍でゴルフの人気は相変らず高い。

彼らの息づまるようなパットや、観衆のド肝を抜くスーパーショットを楽しみにしている人は多いだろう。

そんなゴルフ好きなら一度は経験してみたいのが、プロの試合を観戦すること。テレビ中継ではなくゴルフ場でナマで間近に見るプロのショットは迫力満点だ。

そんな時、せっかくだからと自慢の一眼レフカメラを持参して行くのはいいが、ここでは絶対やってはいけないことがある。それは、パットの瞬間にシャッターを切ることだ。

素人とはいえゴルフを見たりやっていればわかるだろうが、パットは体の全神経を集中させて行うきわめて繊細なプレーである。

その時に「カシャッ！　カシャッ！」とシャッター音があちこちで響いたら、選手は集中力を欠いてしまい、パットが乱れてしまう。

実際、選手と取材陣やギャラリーのこうしたトラブルはたびたび起こっている。プロゴルファーにしたらそのパットひと振りに富と名誉がかかっているのだから、過敏になるのも無理のない話なのだ。

広告看板を立てないゴルフのマスターズの謎

今や分野を問わず、商業主義の入り込まないところはない。

スポーツの世界も同じことだ。Ｊリーグやプロ野球、フィギュアスケートなど、どんなスポーツ中継を見ていても、必ず画面のどこかに企業名や商品名が映し出される。

しかも、広告スペースとなるのは球場や会場の壁面だけでなく、マラソン選手のゼッケンやＦ１のマシーン、野球選手のヘルメットにいたるまで、どんなスペースでも利用され、それが当たり前になっている。

しかしこんなご時世にあって、まったく広告の類とは関係のないスポーツ大会が存在する。それはゴルフのマスターズ・トーナメントだ。

最も有名なメジャー大会のひとつであるマスターズは、同時に、あらゆる広告がタブーとされている大会としても知られている。

その証拠に会場となるアメリカ、ジョージア州オーガスタナショナルコースでは、大会期間中、広告用の看板がすべて排除される。公式飲料であるコカ・コーラのロゴも隠すほどの徹底ぶりだ。じつは、これには理由がある。

マスターズの創設者ボビー・ジョーンズ氏は、ゴルフを通して人と人との絆を結ぶことを目的としてこの大会を生み出した。

その基本精神にのっとり、出場選手は自費で参加することにした。

そして同時に、あらゆるスポンサーとは無縁にして、この大会が企業に利用されることを避けたのだ。

金儲けのために利用されることを拒否した大会としてマスターズを見ると、またひと味違うものに感じられるはずだ。

全英オープンのウィンブルドンではなぜ選手は白いウエアア?

世界中のテニスファンが注目するウィ

ンブルドンは、伝統と格式が重んじられるテニス界最高峰の大会である。

ウィンブルドンで優勝することは、すべてのテニスプレーヤーの夢だが、試合の中継を見ていてもほかの大会にはない独特の雰囲気やひとつの美学ともいうべきものがある。

じつはそれを支えているのが、この大会では白以外のウエアは着ないということだ。男子も女子も全員が純白のウエアでプレイすることは、きちんとルールとして決められている。

グランドスラム4大会のうち、ウィンブルドンだけは芝生のコートで行われるが、その鮮やかな芝生の緑色に、清潔で爽やかな白のウエアが見事に映える。

その絶妙の色彩効果が、この大会の格調高い雰囲気を醸し出すのに大きな役割を果たしているのだ。

ウィンブルドンで初めて白いウエアを着たのは、1884年の女子の第1回大会で優勝したモード・ワトソンという選手だった。

その時、彼女の美しさが世界中の目を引き、以来、白いウエアはウィンブルドンのルールとなっている。

現在では、出場選手たちは練習の際にも白いウエアを身につけている。

どんなに優秀なテニスプレーヤーでも、白以外のウエアではウィンブルドンのコートに足を踏み入れることさえ許されないのだ。

政治家の祝いごとに贈る花はなぜ胡蝶蘭に限るのか

政治家や著名人、芸能人などのパーティーが開かれる際、会場に胡蝶蘭《こちょうらん》の鉢が並べられていることが多い。じつは、胡蝶蘭を贈るのには業界の隠れたルールがあるのだ。

贈り物に胡蝶蘭が重宝されているのは、ほかの花と比べて価格の相場がわかりやすいということがある。たとえば、鉢の中に花のついた茎が3本立っていると3万円、5本だと5万円というのが基本相場になっている。相手がお返しの品を選ぶときも、この相場を知っていればベストな金額のものを贈ることができるのだ。

また、パーティー会場などでは、胡蝶蘭の鉢の数でその人の人気をうかがい知る習慣がある。そのため、シンプルに胡蝶蘭を贈ってもらったほうが主催者側にとってはかえってありがたいのだ。

とはいえ政治家たちの懐も苦しいのか、最近では胡蝶蘭の鉢にある名札だけを変えて花を別の事務所へ流用することも少なくないという。それでも胡蝶蘭にこだわるのは、政治家たちが本来持っている見栄以外の何物でもないのだろう。

4

言うに言えない「マスコミ」「芸能」の掟

ＮＨＫで固有の商品名はどこまで放送できる？

ＮＨＫは民放各社と違い、スポンサーをつけずに国民が支払う受信料で運営しているという性質上、特定の企業のＣＭや商品の宣伝をしないというのが大前提となっている。そのため、今でも固有の商品名や登録商標を電波に乗せて発言する行為は、アナウンサーにとって禁止事項のひとつとなっているのだ。

昔は、アイドル歌手の歌詞の中で特定の車の車種が出る場合でさえ歌詞の変更を求めるなど、かなり厳しかったようだ。

そのため、たとえ広く知れわたってい

る言葉でも、ある商品を特定してしまうような表現は普遍的な言葉に言い換えなくてはならない。たとえば「カルピス」というところを「乳酸菌飲料」、「ガムテープ」も「粘着テープ」という具合だ。

ＮＨＫに限らず、スポンサー同士の関係が微妙に絡み合う民放でも拘束事はいろいろあるだろうが、視聴者にはわかりづらいところで放送業界にも苦労があるということだ。

大相撲がＮＨＫでしか放送されないのはどうして？

過去に起きた不祥事で人気が低迷気味の大相撲だが、優勝争いがかかった千秋楽ともなればやはり結果が気になるところだ。ついテレビのチャンネルを合わせてしまうという人も多いだろう。

ところで、大相撲中継といえば長らくNHKの独占状態にある。野球やサッカーのように各局で放送してもよさそうなものだが、民放では放送してはいけない理由でもあるのだろうか。

じつは、大相撲中継が始まった1950年代当初は民放各局でも中継が行われていたのである。

ところが、同じ時間帯にどの局も同じ番組を流すことに視聴者からのクレームが増加し、さらに人気力士の低迷も重なって視聴率が下がり始めた。

こうなると民放には不可欠な存在であるスポンサーがつかない。結局、相次いで中継を打ち切ったため、最終的にはNHKでしか放送されなくなったのだ。

過去にはNHKのトップが民放の参入を促すような発言をしたこともあったが、特に話題になることもなくそのままにされてしまったこともある。

民放ほど視聴率を気にしなくていいNHKだが、大相撲を独占中継することに少なからず負担を感じはじめているということかもしれない。

サスペンスドラマの殺人現場に見え隠れする「決まりごと」

根強い人気を誇る2時間ドラマといえ

ばサスペンスである。

なかでも、観光地を舞台にしたものは周辺の観光ポイントや郷土料理の紹介が織り交ぜられて旅番組の要素も堪能できるし、温泉が舞台だと女優の入浴シーンも楽しめて男性の視聴者にも人気が高い。

こうした観光地を舞台にしたサスペンスドラマだが、殺人事件の現場のほとんどが旅館から離れた場所で起きている。

一般的には断崖絶壁の上や神社の境内など屋外が多く、旅館やホテルが殺人現場になることはめったにない。ストーリーの展開上、旅館の部屋で殺されたほうが自然と思われる場合でも事件は屋外で起こるのだ。

その理由は、撮影を許可してもらっている旅館やホテルのイメージを損なわないようにするためである。

旅館やホテルは宣伝のため、ドラマの制作会社に協力して施設を提供している。それなのに、ドラマとはいえ殺人が起こってしまっては旅館のマイナスイメージにつながってしまう。

それを避けるためにも旅館の中では事件が起こらないのが通常なのである。

ウルトラマンに出てくる怪獣の「負け方」のルール

いつの時代もヒーローは少年少女のあこがれだが、特に昭和40年代頃に全盛だったウルトラマン・シリーズは、今でもコアなファンが多い。

　こうしたヒーローものの最大の見どころといえば、主人公が敵の怪獣を退治するシーンだろう。

　ウルトラマンでいえば、カラータイマーが点滅するあたりが最大の見せ場となり、キックや光線など、次々に繰り出される必殺技に子供たちはわくわくしたものだ。

　そんなさまざまな技で敵を倒したウルトラマンだが、薬品を使ってやっつけるという方法は一度も用いていない。いや、用いてはいけなかったのである。

　じつは、このシリーズのスポンサーには大手製薬会社がついており、しばらくは1社だけの提供だった。

　つまり、いくら悪を退治するためとはいえ、倒すために薬剤を使用するわけにはいかず、製作者サイドにとってはけっして破ってはいけないご法度となっていたわけである。

　たしかに薬を使って怪獣を退治するというのも奇妙なものだ。ヒーローは勧善懲悪よろしく、観る側がスカッとする方法で悪を退治してくれればそれで文句はないのだ。

ハデな中吊り広告でもなぜか使わないこの言葉

　電車の車内には、じつにさまざまな業種の広告が所狭しと貼られているが、その中でも特に目立つのが雑誌の中吊り広告だ。

一般の週刊誌や女性誌などは、カラフルな見出しを見ているだけでその雑誌を立ち読みしたような得した気分になる。吊り革につかまりながらついボーっとながめてしまうという人も多いだろう。

しかし、このような広告は電車の中吊り広告という性質ゆえに、その表記上ではいろいろな禁止事項があるという。

それは、電車に乗ってくる多くの人の目に触れるということから、広告を見た人を刺激するような言葉やあまりにも不快に思う表現は中吊り広告では使ってはいけないのだ。

地域や路線で多少の違いはあるが、たとえば「SEX」は英語なので卑猥なイメージは多少弱まるが、日本語の「セックス」だと直接的で露骨な表現だからダメという具合である。

これは規制ではなくてあくまでも任意の「お願い」だというが、電車という公共の乗り物である以上、小さい子供や未成年への影響を考慮した広告業界の小さな決め事なのだろう。

ドラマの犯人かどうかは、乗っている車の車種でわかる？

サスペンスドラマを繰り返し見ていると、だいたい何分頃に犯人がわかるとか、新聞のテレビ欄の何番目に名前が出ている俳優が犯人だとか、何らかのパターンが見えてくることがある。それはそれで楽しみのひとつである。

そして、犯人は外車に乗っていることが多いというのも、そんなパターンのひとつだ。これにはテレビ番組制作上の裏事情が関係している。

2時間もののサスペンスドラマの場合、スポンサーとして自動車メーカーやその関連企業がついていることが多い。当然、ドラマの中に出てくる車はそのメーカーのものになる。

しかし、犯人が乗っている車がそのメーカーのものだとメーカーのイメージが悪くなる。だから、ほかの登場人物の車と違い、犯人が乗る車は他社のものが選ばれるのだ。

といっても、まさかライバル企業の車に犯人を乗せるわけにはいかない。そこで、当たり障りのないように外車が選ばれることになるわけだ。

思い返してみると、たしかに高級外車に乗っている犯人が多いはずだ。

ドラマの終盤が近づいても犯人の見当がつかない時は、どんな車に乗っているかに注目すれば、すぐに事件の真相が見えてくるかもしれない。

デビューしたてのアイドルが髪型を変えないそのワケは？

アイドルのファッションやメイク、髪

型が若者に与える影響は大きいものがある。10代の頃などは憧れのアイドルと同一化したくて、「アイドルの○○ちゃんみたいにしてください」と美容院で注文して髪型を真似したことがある人も少なくないだろう。

アイドル本人にとっても髪型は重要である。デビューしてしばらくは飽きたからといってコロコロと髪型を変えてはならないのである。

駆け出しのアイドルにとって何より大切なのは、まず認知度を上げること。髪型を頻繁に変えてしまうと印象まで変わってしまい、なかなか覚えてもらえなくなってしまうのである。

このことは芸能界では常識で、タレントの所属事務所もできるだけ同じ髪型で雑誌やテレビに露出させるように心がけている。

一度、顔と名前を覚えてもらえれば、あとは問題ないし、ロングヘアを一転してショートヘアに変えて話題づくりもできる。たかが髪型といっても、アイドルにとっては売れるかどうかを左右する戦略アイテムのひとつなのである。

タレントがかけもちしてもいいCM、いけないCM

テレビでは毎日、膨大な数のCMが放映されている。人気タレントが出演するものも多く、つまらないテレビ番組より

CMのほうがおもしろいこともあるくらいだが、ことタレントのCM出演に関してはさまざまな不文律が存在している。

たとえば、アルコール飲料のCMに関していうと、未成年のタレントを使ってはいけないとか、アルコール飲料のCMに出演中のタレントは車のCMには出られないというものがある。

未成年者は飲酒禁止だからCMに出られないのは当然のことだし、車のCMは飲酒運転を連想させてしまうから出演できないというわけだ。

そのほか、よく知られているのに同業他社のCMに出てはいけないというものがある。

CMの出演期間中とその後の一定の期間は、同業他社のCMに出演しないように契約でも決められているのだ。

また、タレントは雑誌で取材を受けたりドラマに出演する際にも、CM契約している会社の同業他社の商品と一緒に映らないようにしなければならない。

ふだんはあまり気にせずに見ているCMだが、そこにはいろいろな配慮がなされているので注意して見てみるとおもしろいだろう。

クイズ番組で正解を言ってはいけない解答者の謎

テレビではここ数年、クイズ番組のブームが続いている。しかも、その多くは視聴者参加型ではなく芸能人同士が対戦するというものだ。

とぼけた味がウリの三枚目俳優が意外な〝博識〟を披露したり、いかにも賢そうな優等生タイプが珍回答を繰り広げるなど、出演者がさまざまな役割をこなすことで番組は盛り上がる。

芸能人だけが出演しているのだから、カテゴリー的にはもはやクイズではなくバラエティ番組そのものといっていいだろう。

そんななか、回答者には必ずといっていいほどお笑い芸人がキャスティングされている。

では、この手の番組における芸人の役割は何かというと、それはやはり適度にボケることで、いわばほかの主役を引き立てるのが仕事なのである。

もちろん、学力や知識を競うようなクイズなら芸人も含めて真剣勝負をする様子が面白かったりする。だが、番組によってはゲストに華を持たせるという意味で、事前に問題が明かされる場合もあるという。

そういう時の賑やかし担当の芸人は、たとえわかったとしてもふつうに正解を答えてはいけない、というのがお約束なのである。

しかし、これを無視するかのごとく本気を出してしまい、華やかなゲスト陣を差し置いてうっかり優勝などしてしまうと、空気が読めない芸人だとされ、周囲の冷ややかな視線を浴びてしまうことになってしまうのだ。

芸能レポーターが取材相手にサインを貰わないのはなぜか

テレビに出ている有名人やタレントなどを見つけた時、その人のファンならもちろんのこと、それほど知らない相手でも、とりあえず「サインしてください」と言ってみるという人も多いだろう。

こういうチャンスは滅多にない、サインをもらって飾っておこう、友達に自慢しようなどと、いろいろな思いが渦巻くものだ。

ところで、毎日何人もの芸能人や有名人と会うのが仕事の芸能レポーターなら、サインをお願いするチャンスはいくらでもある。しかし、芸能レポーターはサインをもらわないというのが業界の暗黙のルールなのだ。

芸能人や有名人の多くはスケジュールがぎっしり詰まり、時間を管理され、多忙な毎日を送っている。レポーターは、そんな厳しいスケジュールの中で無理に頼み込んで取材やインタビューをやらせてもらうことが多い。

せっかく貴重な時間をさいてくれた相手に、取材とは何の関係もないサインを頼むのはやはり礼儀知らずということになるのである。

また取材対象ではなく、たまたま街や

店などで出会った芸能人や有名人にも、芸能レポーターはサインを頼まない。というのも、いざ取材になれば相手が答えづらいことを追及するのが芸能レポーターの仕事だからだ。

いつ、どんな取材をするかわからない相手にサインをもらうのは、借りをつくるようなもの。借りがあっては、追及も遠慮がちになる。

だから、芸能レポーターはサインをもらわないのだ。

新聞に載せられるかどうかの基準「降版協定」って何？

新聞社では最新のニュースを掲載するため昼夜を問わず取材をしているが、いくらいいネタを入手できても、ある時間を過ぎるとたんに掲載できないことがある。

これは降版《こうばん》協定といわれる新聞社間の協定があるためで、定刻以降のニュースは掲載しないという約束になっているのである。

この時間は朝刊で午前1時過ぎ頃、夕刊で午後1時過ぎ頃と決まっている。

だから、その時間を過ぎて事件が発生したとすると、翌朝の朝刊やその日の夕刊に記事を載せることができない。記事は次に回されて掲載されることになる。

よほどの重大事件の場合はこの協定も無視されることがあるが、原則として抜けがけは禁止だ。

どんなに一番早い新聞に載せたくても、定刻を過ぎてしまっていたら次の新聞に載せるしかないのである。

タレントが密会に使うホテルの知られざる共通点

タレントの密会が写真週刊誌にスッパ抜かれることはよくあることだが、自宅マンション前で激写されることは多くても、ホテルでの密会がスクープされることは意外と少ない。

これは密会場所のホテルがタレントの所属事務所と関係が深いからである。

タレント事務所はホテルにとっては大切な顧客である。なかでも大手芸能プロダクションとなると記者会見やパーティー、イベントなどで派手に使用してくれるし、それをマスコミが取りあげることでホテルの宣伝にもつながっている。

それなのに、その事務所に所属しているタレントの密会が発覚し、現場がそのホテルだったらどうだろうか。

ましてや、従業員の談話などが掲載されては大変なことになる。ホテルの信用はガタ落ちし、今後のイベントでも使ってくれないはずだ。

もともとホテルは客の秘密厳守がモットーだが、大切な顧客である大手事務所に所属しているタレントに関しては、さらに細心の注意を払って秘密が漏れないようにしているのだ。

だから、事務所側も外で会うならそのホテルを使うようにとタレントに言っており、スキャンダルが公にならないようにしているのである。

外から見えない記者会見の「取り決め」の謎

内閣官房長官が多くの記者たちの前で記者会見をする様子は新聞やテレビでしばしば目にする光景だ。

官房長官に限らず、難しい顔をした政治家たちに向かって新聞社やテレビ局などの政治記者たちが質問をポンポンと飛ばし、時には大物政治家を窮地に追い込むくらい厳しく追及するようなピリピリした雰囲気が映像を通して伝わってくることもある。

しかし、このような政治家が開く記者向けの会見では、記者側からの質問事項はあらかじめチェックを受けていることが多い。

だから、記者から難しい質問をぶつけられて思案しているように見えても、実際は前もって答えを準備していることがあるのだ。

つまり、会見の話の流れで政治家がポロッと本音を漏らしそうになったとしても、事前に申請した質問でない限りそれ以上突っ込んだ質問をぶつけることはしてはいけないとされているのだ。

政治家に朝から晩までピッタリと張りついている番記者は別として、一般の記者クラブに在籍しているような政治記者たちにとって独自のスクープをつかむことは難しいのかもしれない。

やけに不思議なテレビ情報誌の表紙の法則

コンビニや書店の棚にはいくつものテレビ情報誌が並んでいる。その表紙になぜか同じタレントが使われているのを不思議に思ったことがないだろうか。

内容を読むとそれぞれがライバル誌と差別化を図ろうと趣向を凝らしているのに、表紙だけは同じタレントが重複していることがある。

この表紙の謎には、テレビ情報誌ならではの複雑な事情が隠されている。じつは、表紙を誰にするかの重要な鍵を握っているのはテレビ局なのだ。

テレビ情報誌の取材はテレビ局の広報ナシでは仕事にならない。

そのテレビ局側から「イチオシの番組に主演しているタレントを表紙に使ってほしい」と依頼があれば、引き受けるのは当然のことだろう。

撮影のセッティングもテレビ局側の主導でドラマの撮影の合間などに行われることから、どれも似たような表紙になるというわけだ。

もっとも、情報誌側にも人気タレント

が使えるという利点もある。この持ちつ持たれつの関係から生まれたのが、あの似たり寄ったりの表紙なのである。

トーク番組はどこまで台本通りなのか

さまざまなゲストを招いて楽しいおしゃべりを聞かせるトーク番組が全盛だ。個性的なゲストたちが繰り広げる面白おかしいやりとりと、そこから生まれる笑いが視聴者にウケている。

このような番組では、事前にゲストに細かく取材しておいて、その話をもとに台本がつくられることはない。

一人ひとりの発言内容が一字一句まで細かく決まっているというより、メインの司会者の力量にまかせて全体の話が進行していく傾向が強いのだ。

しかし、お堅いイメージが強いＮＨＫでは、少し事情が違っている。

どんなにバラエティ色が濃いお笑い番組でも、その台本はキッチリ決まっていることが多い。

いくら収録中にお笑いタレントが面白いネタを思いついたとしても、台本に書かれていないことを口にするのは御法度なのだ。

話のオチが決まっている落語や漫才ならいざ知らず、次から次へとギャグを連呼してしゃべりまくる人気の芸人たちにとって、台本どおりに台詞を言わなければならないというのはけっこうツライものらしい。

出演番組とギャラの関係はホントのところどうなってる？

タレントの出演料は人気などに基づいてある程度の目安が設けられている。民放各局はそれに従ってギャラの交渉をするのだが、たとえば女優の場合、大御所や人気女優は1時間あたり数百万円の出演料が支払われることもあるようだ。

そこそこのタレントでも数十万円のギャラはあるのだが、これに比べるとNHKの出演料は格段に低い。

大御所や人気タレントでも数十万円、そうでない人の場合は数万円程度になってしまうという。

しかも、NHKへの出演回数や貢献度でギャラを設定しているため、大物でもNHKとの関わりが少ない人のギャラはさらに低くなる。

ところが、この安さにもかかわらずNHKの大河ドラマや朝の連続ドラマへの出演が決まると、どのタレントも大喜びになる。

これはどういうことかというと、NHKが全国放送だからにほかならない。

NHK自体のギャラは安くても、全国的に知名度や好感度が高まれば次の仕事が舞い込んでくる。結果的には民放のギャラのアップにもつながっていくというわけだ。

アメリカの子供向け番組の意外なタブーとは？

テレビ番組の表現内容は国によってさまざまに変わってくるものだ。各国それぞれ民族的、宗教的なタブーが存在し、それを犯せば視聴率の低迷どころか番組の打ち切りやプロデューサーの責任問題に発展しかねない。

たとえば、銃社会のアメリカでは、子供向けの番組で登場するキャラクターが銃口を視聴者に向けてはいけないというルールがある。

これはいうまでもなく、そうしたバイオレンスシーンが子供に対して刺激が強過ぎるためだ。

未成年者が学校で銃乱射事件を起こすなど銃による犯罪が社会問題となっているアメリカでは、過激なシーンが青少年に影響を与えるのを極力避けなければならないとされているのだ。

ちなみに、イスラム教では神や預言者のムハンマドを映像化することがタブーとされている。

日本のアニメが海外で人気になっているが、それらを輸出する際にも各国のルールに十分に配慮をしなければならない。

制作者側に悪気がなくても、その国では大問題になってしまうこともあるのである。

アナウンサーのくしゃみはどこまでNG？

放送業界にはタブーが多い。放送禁止用語を使うことはもちろん、スポンサーの不利益になる表現などはもってのほかだ。さらに、かつては左利きのアナウンサーや、メガネをかけた女子アナもよくないとされていたという。

また、放送中にアナウンサーがくしゃみやしゃっくりをしてはならないという掟もある。

とはいえ、そんな生理現象を我慢するのも限界がある。

特に春先の花粉症の季節になると、くしゃみや鼻水は我慢してもしきれるものではない。

今や日本人の4人に1人が花粉症に悩まされているというのだから、もちろんテレビに出ているアナウンサーの中にも花粉症の人は少なくないはずだ。

実際、春先になると「私、花粉症なのでこの時期はくしゃみが止まらなくて困ってます」と言っているアナウンサーを見かける。

しかし、実際には彼らはそんな悩みなどないかのように番組を進行している。番組中に派手なくしゃみをしているアナウンサーなど見たことがないだろう。

それもそのはずで、アナウンサーはカメラに映っていないタイミングをうまく見計らって「クシュン！」とやっているらしいのだ。

もちろん、胸元につけたマイクのスイッチはオフにされている。

テレビの向こうの視聴者には気づかれないところで、じつはけっこう派手にやっているのかもしれない。

スーパーマーケットが舞台のテレビドラマが少ないのはなぜ？

医者、刑事、パイロット、教師など〝シゴト〟にまつわるドラマにはヒット作が多い。一般の人には見えにくい業界事情や、そこで巻き起こるトラブルなどがドラマに仕立てやすいというのがその理由なのだろう。

しかし、ちょっと思い返してみるとスーパーマーケットを舞台にしたテレビドラマはあまりない。

それもそのはずで、これはドラマの世界ではできるだけ避けて通りたい特殊な設定なのである。

というのも、スーパーが舞台となればセットは通常のスーパーと同じものを再現しなくてはならない。乾物や日用雑貨はともかく、何日も撮影が続くドラマで毎回鮮度の高い生鮮食品をそろえるのは至難のワザである。

その商品の数たるや数百といった単位ではない。視聴者になじみのある場所だけに手を抜くわけにもいかないため、制作費もバカにならないというわけだ。

もちろん、それで視聴率が稼げるのならトライしてみるのもいいが、費用のわりには地味な設定のため爆発的なヒットは見込めない。

だったら、最初からスーパーを舞台にしたドラマは制作しないほうが身のためなのである。

芸能人が同じ業種のCMにかけもち出演するのはタブー

移り変わりの激しい芸能界にあって、タレントのCMの契約本数はそのまま本人の人気のバロメーターとなる。現にCMキング・クイーンなどと呼ばれる人気者ともなると、同時に10社以上の企業と契約することも珍しくない。

しかし、すでに他の項目で触れたように、その中には同業種のCMがカブっていることは絶対にない。つまり、A社のビールを宣伝しておきながら、B社のビールも宣伝するというようなことは業界ではご法度なのだ。

ならば、B社の商品がワインならいいのかといえば、そういう問題でもない。基本的に業種がかぶった時点でNGとみなされるのである。

過去には電機メーカーのCMに出演しながら、通信会社とCM契約したタレントがいたが、紹介する製品そのものはまったく違ったものの、電機メーカー側は競合関係にあたるとみなし、立腹して契約を解除したという噂もある。

もちろん、同時でなければ競合関係にある会社のCMに出るのはあり得ることだし、実際前例もいくつかある。ただ、先に出たCMのイメージが強すぎると、消費者の混乱を招くというリスクもある。

たしかに人気者ともなれば契約料は1本数千万円は下らない世界だけに、企業側にしてみればナーバスにならざるを得ないのだろう。

なぜ芸能人は同じ時間帯の番組に出演してはいけないのか

アイドルやイケメン俳優に夢中なのは何も若者だけではないが、もしも大好きな芸能人が同じ時間帯に異なるテレビ局の番組に出るとすれば、どっちを観て、どっちを録画しようか迷うところではないだろうか。

しかし、実際には視聴者がこの手の問題で頭を悩ませるようなことはまず起こり得ない。

というのもテレビ業界には、1人のタレントを同じ日の同じ時間帯に複数の番組に出演させてはいけないという暗黙のルールがあるからだ。

これは業界用語では〝裏かぶり〟と呼ばれるもので、出演番組が多い人気者であればあるほど厳しくチェックされている。

基本的にはタレントが所属する事務所が放送日をチェックし、かぶるようであれば局と打ち合わせをして時間帯をずらすなど対応をしている。

もちろん局側も、裏番組でレギュラー出演しているタレントは、キャスティングの段階で候補からはずすといった配慮をするのが一般的だ。

時々、番組改変期の大型特番などであるタレントが途中で画面から消えるようなケースがあるが、これはその人が裏で他の番組に出演しているためだ。

くだけた雰囲気のバラエティ番組であれば、いわゆる〝大人の事情で〟とそれ自体をネタにすることもある。

地方局とのかぶりだったり、タレントの所属事務所が小さかったりすると、まれにそのまま放送されることもあるが、業界的には定番のルールとなっているのだ。

芸能人の記事は「さん」づけで書いてはいけない!?

テレビで芸能人の結婚というニュースがあれば、報道番組やワイドショーでは「きょう、歌手のKさんが結婚会見を開きました」と報道される。

しかし、このニュースを活字にした場合、K〝さん〟と敬称をつけられることは少ない。

新聞や雑誌などでは「人気アイドルの

Kが電撃結婚!」というように呼び捨てにするのがふつうだからだ。

これは大手新聞社や出版社による「記者ハンドブック」に記載されているルールで、出版業界の長年の慣習のひとつである。

芸能人だけでなくスポーツ選手も同様で、「球界のエース・○○○がついにメジャーへ移籍!」というように呼び捨てにする。

一般社会では呼び捨てに対してはよくないイメージがあるが、出版界ではその逆なのだ。

芸能人やスポーツ選手はその名前そのものに商品価値があるので、敬称をつけるのはかえって失礼にあたるというのがひとつの考え方である。

その証拠にというわけではないが、引退した人や故人に対しては「さん」あるいは「氏」をつける。

この区別が、その人が「現役」か、あるいは「元芸能人」「元選手」かの線引きにもなるのだ。

まれに紙面でも「○○さん」と表記された記事を見ることはあるが、過去には敬称をつけられたことにむしろ気分を害し、配信元にクレームをつけた有名人もいる。

災難に遭ったり人助けをしたというニュースならともかく、一般的な記事で呼び捨てにされて怒るような有名人はまずいないというわけだ。

医薬品のＣＭの外から見えない禁句一覧

医薬品や医薬部外品、化粧品や健康食品などの広告全般を規制する「薬事法」は、不適正な誇大広告により消費者が誤った判断をして医薬品などを購入し使用してしまうことを事前に防ごうという法律だ。

消費者が甘い言葉に騙されないように見張ってくれているようなありがたい法律ではあるが、この法律があるために、医薬品関係のＣＭを製作する人たちはかなり慎重に言葉を選ばなければならないのである。

なぜなら、いかに優れた薬の効果をアピールしたくても「必ず治る！」という表現は絶対に使ってはいけないからだ。

ほかにも、使用後の効果を保証するような「安定した効き目」などの表現は禁句だし、栄養ドリンクのような身近なものでも「毎日家族そろって」「どなたでも手軽に」などの言葉は、決められた量以上を乱用したり、子供の過剰な服用を促進する恐れがあるので使用禁止である。

もちろん、水虫の薬を塗って水虫が破壊されるような映像や、育毛剤のおかげで頭髪がどんどん生えてくるなどのＣＭも広告業界ではタブーである。

何気なく見ている医薬品関係のＣＭも、つくるほうは苦労をしているのだ。

役所では「和暦」「12時制」を使わなければいけないのはどうして？

日本では年号を表すとき、西暦の2014年と、和暦の平成26年という2つの形式が用いられている。現在では西暦が用いられることが一般的になったが、役所では今でも西暦ではなく書類に「平成○○年」と和暦を記すことが多い。

わかりやすい西暦だけに統一するべきだという人もいるかもしれないが、日本国内で正式に暦として定められているのは、元号による和暦だけである。

西暦はイエス・キリストが生まれたとされる年を元年とした西洋諸国の暦であり、あくまで海外との年代の表記をそろえるために使われているのだ。役所が和暦を使うのは、日本人としてごく当然のことなのである。

これと同じような理由で、役所が用いているのが12時制だ。時間を「午前9時～午後5時」と表示している。こちらも役所以外では「17時」など24時制を用いている場所が多いが、これも明治時代に規定された法律が、そのまま慣習として残っているのである。

5

世にも不思議な「会社」の掟

目上の人を立たせてはいけないのは右か左か

外資系企業の進出が著しい昨今、新しい上司は外国人などという可能性は大いにあり得る。

しかし、いくら会社が外資系でも、社員全員に国際的なビジネス感覚を求めるのは無理な話だ。仮に外国語が話せたとしても、立ち居振舞いなどに関する国際的なスタンダードまでも身につけるのはそう簡単ではない。

たとえば、立ち位置ひとつとっても日本と海外のそれとは異なってくる。

おおまかにいえば日本では「左上位」が主流だが、世界的には「右上位」がスタンダードだ。つまり記念撮影や式典での並びで、日本では目上の人やＶＩＰを左に置こうとするが、海外ではそれは礼を欠いた行為となってしまうわけである。

我々日本人はそうでもないが、外国人は立ち位置に関しては非常にナーバスだ。新しくやってくる外国人上司の機嫌を損ねないためにも、いつも以上に気に配っておくといいだろう。

外資系企業の同僚同士が話題にしてはいけないネタ

サラリーマンの世界から「年功序列」や「定額昇給」という言葉が消え始めて

久しいが、いくら成果主義が主流になりつつある日本の会社でも、同僚との収入が数倍も違うということはあまりないだろう。しかし外資系の企業になると、その内情は少し違ってくる。

能力至上主義を貫く外資系には、生え抜きのエリート社員からヘッドハンティングされた中途採用のベテランまで、在籍している人の雇用形態はさまざまだ。

ということはその給与形態もバラバラになり、隣の席でのんびりパソコンを開いている同僚が自分の3倍の給料をもらっていることだってあり得るのだ。

だから外資系の企業では、いくら親しくなった同僚とはいえお互いの給料や報酬の具体的な話をするのは御法度になる。会社によっては「自分の給料を他言しない」ということを就業規則に載せているところもあるという。

他人の懐具合が気になるのは仕方がないが、同僚の年収を知ったところで何の得にもならない。せめて住んでいるところや乗っている車の車種などで想像するにとどめておいたほうが賢明なのだ。

経営コンサルタントが顧客には言わない言葉とは？

経営戦略を担う経営コンサルタントや業務改革を担当するビジネスコンサルタントなど、それぞれの分野でプロフェッショナルな知識を持ち、それを提供するのがコンサルタント業だ。

多くの場合、クライアントから依頼を受けてサポートをしていくわけだが、この時に顧客に向かって絶対に言ってはならないのが「わかりません」「知りません」である。

なぜなら、クライアントは「コンサルタントなんだから何でも知っているはず」という先入観を持っているからだ。しかも、多額の報酬を払っているのでかなり高度な要求もしてくる。

だから、コンサルタントが自分の知識のなさを露呈する言葉を口にすることは、客の信頼を損ねるだけでなく顧客を失うことにもつながってしまう。業界では禁句とされているのだ。


優秀なコンサルタントであれば、自分の専門分野以外のことを聞かれても「そうですね」「〜はどうですか」など、自分も知っているということを暗に匂わせるような相づちを打って切り抜け、口が裂けても「私にはわかりません」とは言わないはずだ。

コンサルタントが「わかりません」と言ってしまうのは、外科医が「手術できません」と言うのに等しいと思っていいだろう。

ゴルフ場で「短パンはNG」の理由

風にざわめく林に深いグリーンの芝。

気持ちよく晴れ渡った日にゴルフコースに出るとなると、短パンでも履いて伸び伸びと歩いてみたくなるものだ。

だが、いくら高級ブランドのものであったとしても、短パンでコースに出ることはじつは基本的にＮＧであると考えたほうがよい。

もともとゴルフは英国紳士のスポーツであり、社交の場にもなるゴルフ場では、他のスポーツに比べて服装はかなりうるさくチェックされる。

たとえば、ジャージやＧパンは禁止されていて、格式の高いゴルフ場では入場すらもさせてもらえない。

ほかにもＴシャツやタンクトップ、トレーナーもやはり入場不可で、シャツは襟と袖のついたものが望ましいとされている。

ところで、短パンがＮＧな理由についてははっきりとしないが、毛むくじゃらのスネがあらわになることがいけないようである。

なぜなら、膝が隠れる丈のハーフパンツにハイソックスを合わせるのはＯＫだからだ。

つまり、ゴルフをする時の服装はきちんとしていることが大前提にあり、ほかのプレーヤーからひんしゅくを買うような格好はもちろん、不快感を与えるものも許されないのだ。

どんな服装がいいのか迷ってしまったら、全英オープンなどで選手が着ているウエアを参考にしてみるといい。どんなに厳しいゴルフ場でも注意されることはまずないはずだ。

履歴書に写真を貼付してはいけないケースとは?

就職試験を受けようと思ったら、まず必要になるのが履歴書だ。その履歴書に必ずといっていいほど貼らなければならないのが顔写真だ。

アイドルのオーディションでもないのに何で顔写真が必要なのかと思うが、日本では写真添付がほぼ義務のようになっている。

ところが、国が変われば事情も変わるもので、アメリカでは写真を貼らなくてもいい。

それどころか、企業が応募者に写真を添付するように強制してはいけないことになっている。

これは雇用の機会を均等にするためで、肌の色や人種などから差別を受けないようにするためだ。

さらに、年齢や性別を書く義務もない。すべての人に平等に雇用の機会が与えられなければならず、処遇に差があってもいけないからだ。

そのため、企業側は書類の段階で何の先入観もなく選考にあたらなければならないのだ。

カーディーラーの社員はライバル社の車に乗ってはいけない!?

カーマニアは車種にこだわりがあったり、自分なりにカスタマイズすることに喜びを覚えたりするものである。そんな車好きがきっかけでディーラーに就職したという人は少なくないだろう。

車好きが高じたというと趣味と実益を兼ねた職業に思えるが、じつはそうともいい切れない。どんなに自分好みだったとしても、仕事の際には他社の車に乗ってはいけないからだ。

たとえば、A社の車を扱っている営業マンが、B社の車で客を訪問したとしよう。客はディーラーの人でさえ乗っていないのだから、A社の車には信頼性がないのではないかと疑うかもしれない。それでは販売に大きなマイナスになってしまう。

これを「相当なカーマニアだね」などと笑い飛ばしてくれる客は、そうそういないだろう。

また、基本的には大きなカスタマイズも禁止されている。営業用の車はあくまでも宣伝の一環なのである。

どうしても他社の車に乗りたいというのであれば、プライベート用にセカンドカーを持つしかない。

しかし、営業所に乗り入れることは難しく、他社の車で出勤すれば白い目で見られることは必至だ。

外から見てもわからない 鉄道会社職員の最大のタブーとは？

事故や故障、あるいは天候の影響によって鉄道のダイヤが乱れると、ついイライラしてしまうものだ。

しかし、海外へ行けば10分や15分の遅れなんて当たり前にある。たかが1～2分のズレでも「遅い！」と感じてしまうのは、それだけ日本の鉄道が時間に正確だからである。

そんな鉄道会社の職員、とりわけ運行業務に従事する職員にはけっして遅刻が許されない。

もちろん、どんな業種でも遅刻はよくないが、上司や同僚に謝罪をしてその日の業務に励めば大目に見てもらえるだろう。

だが、鉄道会社の場合は謝ってすむというわけにはいかない。運転士や車掌が遅れたら列車の運行に支障をきたし、ひいては多くの乗客に迷惑をかけてしまうからだ。

本来は業務の40分前までに出勤すればいいのだが、遅刻をすると人事面でも大きなペナルティになるため、1時間以上前から出勤している職員もめずらしくない。

もっとも、突然の体調不良で出勤できない可能性もゼロではない。

そんな事態に備えて予備の職員は確保されているものの、欠勤した職員はあとで症状や服用した薬など、本当に体調が悪かったことを細かく説明しなければならない。

遅刻が厳禁なのはもちろん、それ以外でも鉄道員は時間厳守が基本である。出勤点呼、乗務点呼準備、乗務点呼と何度も点呼があり、時計も秒単位で合わせる。

あまりにも時間厳守の習慣が身についているため、飲み会にすら1秒の遅れもなく到着するという笑い話のような話もある。

こうした陰の努力もあって、日本が世界に誇る正確なダイヤが生み出されているのである。

飛行機のパイロットは「UFOを見た！」と言ってはいけない！

UFO（未確認飛行物体）といえば、解き明かされない現代のミステリーの代表格だ。

もしも、空をながめていて偶然それらしきものを目撃したら、ほとんどの人が家族や友人に興奮しながら報告するに違いない。

だが、世の中には間違っても「UFOを見た」などと言ってはいけない職業の人たちがいる。

それは航空機のパイロットだ。じつは、パイロットにはUFOの目撃者が多い。

もちろん、それがホンモノかどうか真偽のほどは確かめようがないが、機長と副機長の2人の目撃者が同時に存在することになるわけだから、少なくとも錯覚や妄想ということはないだろう。

ところが、パイロットはその業務の性格上、他の職業よりも健康診断を受ける回数が多い。そのため、UFOを見たなどと言ってうかつに騒ぎ立てると「精神に異常あり」とみなされてしまい、地上勤務に回されかねないというのだ。

これは民間航空機だけでなく、自衛隊のパイロットなどにも当てはまるようだ。

たとえ全身緑色の宇宙人が円盤を器用に操縦する姿を目撃したとしても〝見なかったこと〟にしなくてはならないというわけなのである。

キャビンアテンダントのタブー①髪を染めてはいけない

キャビンアテンダント、フライトアテンダント、キャビンクルーなど航空会社によって呼称は異なるものの、フライトの最中に乗客の世話をしてくれるのが客室乗務員である。

近頃では男性の客室乗務員も見かけるようになったとはいえ、やはり圧倒的に女性が多い職業だ。

ところで、世の女性たちは洋服から小物、メイクに至るまでおしゃれに余念がないものである。なかでも髪を自分好みの色にカラーリングする人が増えている。

しかし、茶髪のキャビンアテンダントに出会ったことはほとんどないはずだ。それも当然の話で、一部の航空会社を除いてキャビンアテンダントは髪をカラーリングすることを禁じられているのである。これは客の気分を損ねないための対策だ。

飛行機にはさまざまな客が乗り込んでくる。その中には茶髪は品がない、不良っぽいと感じる人もいる。若い世代はあまり抵抗がないようだが、年齢が高いと茶髪を嫌う傾向が強くなるという。

そこで、どんな乗客にも受け入れられやすい黒髪を原則としているのである。なかには、プライベートでは茶色にしていても、業務になると黒く染めるキャビンアテンダントもいるようだ。

髪に関しては色だけでなく、肩につかない長さで切る、長いときはシニョンにまとめる、前髪は流して顔にかからないようにするといった決まりもある。

そのほか、爪は長くしない、派手な色のマニキュアは塗らない、スタンダードなメイクにするなど、航空会社では乗客に不快感を与えない容姿を心がけさせている。

また、高級な腕時計や華美なアクセサリーも厳禁だ。「そんな高価なものを買える給料を出せるなら、もっと料金を下げろ」という苦情が出ないとも限らないからである。

華やかそうに見えるキャビンアテンダントには意外と制約が多いのだ。

キャビンアテンダントのタブー②
定期的にトイレに行かなければいけない

飛行機に乗っていると、キャビンアテンダントが頻繁にトイレに出入りしていることに気づく。というのも、彼女たちはフライト中は必ずトイレに入らなければならないのだ。

もちろん、入るたびに用を足しているわけではない。これはラバトリーチェックと呼ばれる彼女たちの大事な仕事のひとつなのである。

多くの乗客が乗っている機内ではトイレの使用回数も増える。洗面台がびしょびしょに濡れていないか、床が汚れていないか、トイレットペーパーは足りているかなどを細かくチェックして、誰もが気持ちよく使えるように常にトイレを清潔にしているのである。

しかし、掃除だけが目的だと思ったら大間違いで、ラバトリーチェックにはもうひとつ重要な意味があるのだ。

それは不審物のチェックである。掃除よりも、むしろこちらに重点を置いているといえるかもしれない。

トイレは人目につかないうえに、ゴミ箱や備品の収納スペースといったものがあるため、危険物を隠す場所にはこと欠かない。

搭乗前に荷物の検査が行われるため、その確率はかなり低くなるものの、万が一、危険物が仕掛けられていたら大惨事を引き起こしかねないからだ。

そこで、客が使用したあとにはトイレに入り、隅から隅までくまなく確認するというわけだ。

キャビンアテンダントのタブー③ メガネをかけてはいけない

キャビンアテンダントの採用基準は各社さまざまだが、健康体であることがポイントになるのはどこも同じだ。

だが、メガネをかけているキャビンアテンダントは見かけない。採用の際に視力もチェックされるからかと思いきや、それほど厳しい制限はないようだ。裸眼で0・1以上、矯正視力で1・0以上程度あれば問題ないという。

ところが、制服を着ている間は絶対にメガネをかけてはいけないのが、業務上の決まりとなっている。

キャビンアテンダントというと、接客サービスがメインの仕事だと思われがちだが、最も重要なのは保安要員としての業務である。

キャビンアテンダントはあらゆる非常事態を想定した厳しい訓練を積んでいる。じつに、訓練の8割は保安に関する事項だという。そして、非常事態が発生して緊急脱出するという場合には、乗客の手助けをしなければならない。

そんな混乱の中でメガネが割れたら自分自身の視力も落ちるうえ、その破片で乗客を傷つけてしまいかねない。

緊急脱出の際には、客にもメガネを外してシートポケットにしまうことが求められる。それほど搭乗中のメガネはリスクの高いシロモノなのだ。

したがって、少しでもリスクを回避するために、初めからメガネをかけないというわけである。

ホテル従業員の「日焼け」がご法度になったワケ

真夏ともなれば、海や山に行かなくても外を歩いているだけで日焼けをしてしまうことはある。

ビジネスパーソンでも自然に焼けた肌は健康的で好印象だが、その反対に小麦色の肌がマイナスのイメージを引き起こす仕事がある。それはホテルの従業員だ。

どんな職種であれ、サービス業に従事している人にとって身だしなみは大切だが、とりわけ厳しいのがホテルだろう。

実際、「従業員は日焼けしてはいけない」という文言を就業規則に盛り込んでいるホテルは少なくないのだ。

ざっくりいえば「ゲストに不快感を与えないため」というのがその理由で、日焼けをするとそれだけで目立つし、皮がむけてきたりすると汚らしい印象を与えてしまう。

ハワイなどのビーチリゾートなら問題はないだろうが、大都市のど真ん中にあるような高級ホテルで、小麦色の肌に制服を着たホテルマンがいたらどうしても違和感を持たれてしまうだろう。

そのため、ホテルマンは日焼けには人一倍気を遣う。仮に休暇で南の島に行ったとしても日焼け止めを塗り、ずっと長袖を着て肌をガードするなど苦労が絶えないのだ。

同期から役員が誕生したら出向しなければいけない銀行のオキテ

終身雇用という言葉はもはや死語だが、それでも慣れ親しんだ職場で、できるだけ長く勤めたいと願う人は少なくないはずだ。

しかし、銀行員にはそんな願いはまかり通らない。というのも、銀行には古くから特殊な人事の慣習があるからだ。

その慣習とは、同期から役員が誕生したら、その世代は全員出向しなくてはならないというルールである。

出世競争が激しい銀行では、昇進レースを勝ち抜けるのは同期の中でもせいぜい2～3パーセントにすぎない。

そして、40代半ばになると同期の中に支店長や部長に昇進する行員が現れ、50代あたりで役員に抜擢される者が出てくる。

こうなると、その役員の同期全員は銀行本体から出なくてはならない。つまり、役員より支店長や部長のほうが年上というケースはあり得ないということなのである。

行き先はたいてい関連会社や取引先で、もちろんその待遇は転籍前のポストに左右される。

給与が下がる場合もあるし、何より50代にして〝第2の人生〟を歩まなくてはならないのだから、ハタ目には厳しく不可思議な慣習とみられてもしかたがない。

とはいえ、業界では当たり前のことなので、行員にとってはサプライズでも何でもない。

ただ、途中で出世レースから脱落しても、出向先で少しでも好待遇を受けるためには、それなりに努力しなくてはならないということだけだ。

銀行の担当者が困った客に対応する時の㊙ルールとは？

どの業界でも頭を悩ませるのがクレームの処理だろう。

近頃では、理不尽なことをまくしたてるクレーマーのことをモンスターカスタマーなどと呼んだりするが、やはり最も気を遣うのは相手が堅気ではない人たちの場合だ。

しかし客商売であれば、こういう人たちを相手にする時の対策は事前にとられている。

特に、トラブルになりやすい銀行にはちょっとユニークなオキテがある。

それは、その手の人たちを相手にするときは話し合いの途中で席を立ってはいけない、というものだ。

反社会的集団の関係者などが銀行に因縁をつけに来るような時は、窓口でモメたりするとほかの客の迷惑にもなるので応接室で応対する。

理不尽なクレームには毅然とした態度で臨むしかないが、その際にこちらが何度も席を立つようなことがあると、相手に次の一手を考える時間を与えてしまうため、話し合いはどんどん長期化する。

つまり、相手を有利な状態にさせないためには、相手につけ入る隙を多少なりとも与えてはいけないのである。

したがって、その筋の人と会う日が決まっているなら、その日はお茶を飲むのを控えるとか、あるいは前日の晩酌を断つなど用意周到な担当者もいる。

相手が引き下がるまでは、たとえ何があっても絶対に席をはずしてはいけないというわけだ。

証券マンは株価が下がってもけっして謝ってはいけない!?

相手に不愉快な思いをさせてしまったり、不利益になるようなことをさせた原因が自分にあるとしたら、まずは「すみません」と頭を下げるのが日本人である。

ところが、世の中にはたとえ相手に責め立てられたとしても軽々しく謝ってはいけない職業がある。

たとえば、証券マンなどはその筆頭だろう。

彼らは、たとえ株価が下がっても顧客に「すみません」と謝ってはいけないのだ。

うっかり非を認めたりしたら、相手は証券会社に責任を押しつけ、裁判に持ち込むこともある。

それが自分が勧めて投資させて損を出した場合でも、証券マンはその結果の責任を負うべきではないというのが業界の譲れぬ方針なのだ。

証券マンにももちろんノルマがあるため、時には強引な営業をすることもある。ただし、そんな時も「これは絶対買いですよ」というような断定的な文句は口にしてはいけないのだ。

こういうケースでは、「期待できそうです」とか「リスクは少ないと思いますが」といったあいまいな表現で通すべきなのである。

ただ、責任がなかったとしても、自分の見立てが甘かったせいで顧客の財産が目減りしていくのを見るのは精神的にもきついものがある。

そのせいばかりではないだろうが、証券会社の離職率は今も昔も高いままである。

銀行員は「契約診療所」を利用してはいけないって本当？

どんな仕事にもつきものなのが、職業病である。

たとえば、システムエンジニアには近眼の人が多かったり、運転手なら坐骨《ざこつ》神経痛を患っていることが少なくない。その仕事を続ける限り避けられないとはいえ、日常生活に支障をきたすような病気は何ともやっかいなものだ。

そういう意味では、銀行も職業病が多い業界のひとつといえるだろう。

なかでも意外なのが風邪で、理由は不特定多数の人が触るお金を扱うからというものだ。

また、座りっぱなしになるために腰痛やヘルニアの持病を抱える人もけっこう多い。しかも、業務内容からくるストレスで心を病む人も年々増えている。

だからというわけではないが、銀行には専用の診療所がある。本店であれば行内に設置されているし、そうでない場合は外部の診療所と契約しており、行員はいつでも利用できるようになっている。

ところが、行員の間では契約診療所の利用はタブー視されているのだ。

なぜなら、ちょっとした風邪ならともかく、長引きそうな持病や心の病などは、ひとたび上司の知るところとなれば出世の妨げになることもあるからである。

病院が患者の情報を漏らすことはもちろんないが、診療所に出入りしているところを誰かに目撃されただけでもあらぬ噂が立つ世界である。

そのため、行員によっては誰もが知っている契約診療所などは使わず、職場からわざわざ遠いところにある病院に通うケースもあるらしい。

セールスレディを簡単に辞めさせない生保会社の裏ルールとは?

生命保険会社の営業といえば、一般の家庭や企業を愛想よく訪問するセールスレディの姿が真っ先に思い浮かぶ。

セールスレディのルーツは戦後の未亡人の就労対策であり、今もその名残が強いのか圧倒的に女性のほうが多い。

生命保険会社は各支社にリーダーがいて、その下で多いところでは20~30人程度のセールスレディが勤務しているが、ノルマがある仕事だけに途中で音を上げる社員も少なくない。

ところが、巷では生保のセールスレディは辞めたくても辞められない仕事として知られている。これには業界特有の事情がからんでいるようだ。

じつは、生保の支社にとって、セールスレディをどれだけ抱えているかは評価基準の対象なのである。セールスレディが増えればプラス、減ればマイナス評価となり、当然それがリーダーの評価にも直結する。

　したがって、できるリーダーは簡単に辞めさせるようなことはしない。もしもどうしても辞めてしまうというような場合は、急いで新規採用してどうにかスタッフの人数だけは減らさないようにしているところもある。

　生保の営業という難しい職種だけに、出入りが激しい業界なのは否めない。だからこそ、各営業所とも人材の確保に四苦八苦しているというわけである。

保険の営業をする時、国の制度を批判するのはタブー

　先の見えないこの時代、少しでも不安を解消してくれるのが医療保険や年金商品である。

　保険の営業マンから見れば、こんな時代だからこそ「老後の備えに」とか「万が一のために」といったフレーズに訴えやすい。

　たとえば年金商品であれば、不安だらけの国の年金制度を引き合いに出せばなお売りやすいというわけだ。

　ところが、驚くことに生保の営業マンには国の制度を批判してはいけないという不文律がある。

　国民年金や健康保険など、国家が運営している制度について不安要素をあげつらい、それをネタに商品を販売してはいけないというのだ。

しかし、国が保障しきれない部分を民間の保険会社の商品で備えるというのはごく自然な考え方だ。

保険会社にしてみれば、国の制度の落とし穴や足りない部分を補えるような商品を顧客に提案したくなるのは当然だろう。

それなのに国の制度に対して批判をすることがタブー視されているというのは、何とも理不尽な話としかいいようがない。

もちろん言い方の問題もあって、正面から非難せずに、不安を匂わせるくらいならいいのだろうが、いずれにせよ何ともこの理不尽な話は、当の業界関係者にとってもやっかいなことであるのは間違いないだろう。

外資系企業の社員にメールする時、絶対書いてはいけないこと

昨今は社内の公用語を英語で統一している企業が増えてきている。

英語が苦手な人にとっては会社に行くことすら憂鬱になってしまいそうな話だが、外資系企業では今に始まった話ではない。公用語などという以前から日常的に英語を使う環境にあるからだ。

ところで、自分が勤める会社の公用語が英語でなくても業界によっては外資系企業を相手にメールのやり取りを頻繁にする場合もあるが、そこにはちょっとしたやってはいけないことが存在する。

それはメールの冒頭に「お世話になっております」に当たる文言はつけないということだ。

社会人たるもの、ビジネスメールの書き出しとして「お世話になっております」は常識である。

ところが、この言い回しは日本語特有のものでそもそも英語には存在しない。

したがって、ふだん海外のビジネスパーソンと英語でやりとりすることに慣れている外資系企業の社員には「お世話になっております」を使う習慣はほとんどない。むしろ、まどろっこしい前置きでしかないのだ。

では、どうすればいいのかというと、「This is to ～」とまずはそのメールの目的を書く。そして、要点と結論を書き加えれば十分なのである。「簡潔すぎて失礼では？」と思うくらいでちょうどよかったりするのだ。

ちなみに、締めくくりの「よろしくお願いします」は、英語でも「Best regards」のように言い換えられるので書くことも多いが、長々とした前置きはとりあえず必要がないのである。

断られたのに再度電話セールスをかけるのはタブー

電話によるセールスは昔も今も王道の営業手段のひとつだ。

携帯電話の普及や在宅率の低下で成果

は上がりにくくなっているが、それでも太陽光発電システムやマンションの販売などは、こうした地道な勧誘が実を結ぶこともある。

ただし、一方でしつこい勧誘による苦情が消費者センターなどに寄せられることも多く、トラブルに発展しやすいのも事実だ。

ちなみに、電話のセールスは一度断られたら同じ家に再び勧誘の電話をかけてはいけないことになっている。

これは特定商取引法に定められているもので、相手が拒否をしたにもかかわらず、しつこく電話をかければ違反になる。仮に何度も勧誘したとして行政指導を受ければ、業務停止処分になることもあるのだ。

これは訪問販売でも同様で、一度断られた家に再度訪問はできない。それでも勧誘によるトラブルが存在するのは、この法律の消費者への浸透度が低いことの表われだ。

「律儀に法律を守っているようでは商品は売れない」とばかりに、堂々と違法行為をする悪徳業者は後を絶たないのである。

派遣社員を派遣先からさらに別の会社に派遣してはいけない

国内の就職事情には依然として厳しいものがあるが、正規雇用がかなわない転職組などに多い選択肢のひとつに派遣社員がある。

一般に派遣契約とは、まず派遣会社に登録し、派遣先が決まった段階で派遣会社と雇用関係を結ぶというものだ。そのうえで、派遣会社の人材として派遣先で勤務するというのが定義である。

当然、実務に関しては派遣先の意向に従って行うことになるので、場合によっては社内での配置転換もありうる。

ところが、同じ配置転換でも別会社への出向などは認められない。

法律上、派遣先の企業から別の企業に派遣してはいけないことになっているのだ。

たとえば、派遣先のA社へ1年の契約で勤務していたところ、残り半年を関連会社のB社で勤務するよう指示されるようなケースはこれにあてはまる。

特に子請けや孫請けが当たり前の業界では慣習のひと言で片づけられやすい。

しかし、派遣社員はあくまで派遣会社と雇用を結んでいる。したがって、A社から契約外のB社へ派遣されるということは、契約が二重に存在することになってしまう。

こうなると責任の所在があいまいになるため、正常な雇用関係を保てなくなるのだ。

非正規雇用の課題はいろいろ取り沙汰されているが、とりあえず派遣会社はルールを守ることが大原則なのだ。

取締中のパトカーに、警官が1人で乗ってはいけない

パトカーでの警らは、2人1組で行動するのが基本になっている。そのため、警察官は単独で乗車してはいけないことになっている。これは第三者としての視点を持つもう1人の警察官がいることで、取締などを円滑に進みやすくするためだ。

もし第三者がいないと、取り調べ中に被疑者が「あれは不当逮捕だ」などと供述した場合、それを確認する証拠がなく厄介な問題になってしまう。逆に警察官が誤認逮捕した時、被疑者が冤罪を晴らせなくなるという問題もある。

また、警ら中のパトカーでは安全確認のほか、無線の交信やマイクアナウンスなど意外とやることが多い。1人でそれを全部やると運転がおろそかになる恐れがあるので、多くの警察本部ではパトカーの2人乗車を厳命しているのだ。

ちなみに、これはパトカーだけでなく白バイ警察官にも適用されており、基本的には複数台で連なって行動している。もちろん、緊急時には1人で乗車していても取り締まりは可能である。

6

外から見えない「あの業界」の掟

返品対応する店員がいきなりレシート確認するのはタブー

スーパーマーケットの売り場で働いている店員は、「○○の商品はどこにあるのか?」「在庫はあるか?」「子供が迷子になった…」など、さまざまな客の要望に応えなければならない。

当然一つひとつ丁寧に対応するべきだが、なかでも返品処理にあたる店員は最大限の注意を求められる。

店員がまず肝に銘じておくのが、返品に来る客というのは、店や商品に対して何かしらの不満を持っているということだ。はなからマイナスのイメージを抱いている客への対応をひとつでも間違えたら、大きなクレームに発展しかねない。

返品処理のマニュアルでは、まずレシートを確認することから始めるのだが、これは大変危険なやり方だ。

いきなり、「レシートを確認します」と言ってしまえば、客の気分を害する恐れがある。ただでさえイライラしている客が、紋切り型にレシートを確認されたらさらに激高する可能性もある。

まず来店のお礼を述べ、丁重に返品の理由を聞き出す。理由がわかったところでお詫びをして、次に初めてレシートを確認するというのがベストだ。

この手順を守れば客もある程度落ち着いて対応してくれるし、返品の理由さえわかれば他の商品を薦めることもできるのだ。

ただ単に返品を受けつけて事務的に処理するか、客の話をまずじっくりと聞いてからその後の購買につなげるか。店員の対応ひとつで売り上げが変わってくるのである。

「売りたい商品」を陳列棚の右側に置いてはいけない理由

多くの種類の商品が整然と置かれているスーパーの陳列棚だが、そこにはさまざまなルールが存在する。そのひとつが目玉商品は右側に置いてはいけないというものだ。

この陳列のルールは、人間の行動の特性を利用している。じつは、人間の体には自然と左方向に傾き、そちらに曲がりやすい性質がある。目隠しをしてまっすぐ歩いてみると、なぜか左方向に曲がってしまう人が多いのもそのためだ。

その理由は、心臓が左側にあるからではないかと考えられている。つまり、人間の体の左半分は心臓の重さの分だけ右側より重くなっているから自然と左側に傾いていくというのだ。

そこでこの性質を利用して、売りたい商品を客から見て左側に置けば、自然と客の目にとまり、手に取ってもらえる確率が高くなる。逆に、せっかくの目玉商品も、右側に並べてしまったらその効果も半減してしまうことになる。

特に、出入口が少ないスーパーでは入店から精算まで客が流れる動線はある程度決まっている。

その流れの左側に売りたい商品を置けば、客の視線を向かせることができるというわけだ。

おいしい枝豆が店頭に並ぶ「時間帯」の法則

スーパーの食品売り場に枝豆が並び始めると、季節は一気に夏を迎える。

枝豆といえばビールに欠かせないつまみのひとつだが、じつは同じ畑の枝豆でも収穫する時刻によってその美味しさに差が出てしまうというのだ。

そこで、枝豆を一番おいしい時に店頭に並べたいと思うなら、朝一番で収穫した枝豆を使ってはいけない。

枝豆の甘味の素となるのはショ糖とアラニンで、うまみの素となるのはグルタミン酸なのだが、ショ糖とアラニンは日没頃、グルタミン酸は正午頃の含有量が最も多くなる。

これは光合成によるもので、昼間の日光をたっぷりと浴びた夕方頃の枝豆は甘くうま味が増しているのだ。

野菜売り場に「朝どり野菜!」というポップがあるといかにも新鮮で美味しそうなイメージがあるが、枝豆に限っていえば夕方に収穫したものがベストだ。

もしもスーパーの野菜売り場に「夕方収穫しました!」というポップがあったら、そのスーパーの仕入れ担当者は青果のプロフェッショナルだといえるかもしれない。

同じ商品の陳列スペースが90センチを超えてはいけないワケ

売れ筋の商品はできるだけ多く棚に並べておきたいものだが、ただ並べておけばそれで売れるかというとそういう問題でもない。

効果的な陳列スペースをつくるためには、同じ商品を並べた時のスペースが横幅で90センチを超えないようにしなければならないという不文律があるのだ。

じつは、客が通路に立ったままの状態で商品棚を見た時、ひと目で見渡せるのが横幅90センチくらいといわれている。

このため、同じ種類の商品は90センチ以内に陳列すると、客がその場から動かなくても商品を選びやすくなるのである。

もしも横幅が長すぎると、商品を選ぶ時に客は左右に動きまわることになる。すると客同士がぶつかり合ったりして買い物がしづらくなってしまう。

客が快適に買い物をできる売り場をつくるためにも、陳列スペースの横幅は90センチ以内に収めるというのがベストなのだ。

また、店内のレイアウトの観点からみ

ても、90センチ幅の陳列スペースをとることは効果的だといえる。内装の資材や陳列の什器は30センチを基準にできているものが多いからだ。

客も選びやすく、店にもメリットがあるのが90センチ幅の陳列なのである。

衣料品と生鮮食品を近くに並べるのはなぜダメか

相性の良し悪しというのは何も人間関係に限ったことではない。スーパーの売り場に並んだ商品にも見逃せない〝相性〟があるのだ。この相関関係を無視して商品を陳列すると、売り上げが落ちてしまうことがある。


たとえば食品の近くに清掃用品、衣料品の近くに生鮮食品という組み合わせで商品を並べたとしたら、食品や生鮮ものは間違いなく売れなくなってしまう。それぞれの商品の用途が完全なミスマッチを起こしているからだ。

もちろん、このようなことは通常の売り場展開ではあまり起きないが、お中元やお歳暮など、特設売り場を設置するときに店内のスペースの都合上、どうしても毛色の違う商品を隣合わせで並べなくてはいけないこともある。

また、ブランド品などの高級品と安売り品の売り場が近くに設置されていると、高級品のイメージが損なわれてしまうばかりか、格安商品のお買い得感も高額商品のイメージにつられて薄れてしまうのだ。その結果、客はどちらも買わずに通りすぎてしまうことになる。

店舗スペースが限られているスーパーでは、相性の悪い商品の組み合わせを避けるというのが大前提になるのである。

食品売り場で〝ラットサイン〟を見つけた時の店員の心得

スーパーの食品売り場が抱える大問題のひとつにネズミの出没がある。だが、営業中の店内でネズミの糞や足跡などの〝ラットサイン〟を見つけたとしてもけっして大声を出してはいけない。

もし大声で騒げば、ネズミの存在がたちまち客の知るところになり、あっという間に「あのスーパーの食品売り場にネズミが出た」などという悪評が広まってしまう。

ネズミの出る店にわざわざ買い物に来る客はいないはずだ。

そんな時に重要なのは、手際よく処理をすることだ。

ラットサインを見つけたらまず、すみやかに駆除業者に連絡するなどの対応策をとる。そして、ネズミの食べこぼしや糞、通り道を示す黒ずみがないか、店内の点検を念入りにしておかなければならない。

また、安易に自分たちで駆除しようとして毒餌などを使ってもいけない。特に食料品を扱っているスーパーでは、事故を防ぐためにも薬剤を使わずに処理することが大切だからだ。

たとえ店の外に毒餌を置いたとしても、客が連れてきた犬や近隣の猫が誤って食べてしまっては大変なことになる。あくまでもネズミの駆除は専門業者に任せるのが得策なのである。

一度立った悪いウワサはなかなか消えるものではない。ネズミが出るスーパーなどというイメージを持たれたら、売り上げダウンを覚悟しなければならないだろう。

たとえネズミが大の苦手でも、店員という立場であれば冷静に、そしてスピーディに対処しなければならないのである。

スーパーの入口にセール用ワゴンを置いてはいけない

セール品を店頭に並べて売るワゴンセールは、一見して効果的な集客方法にみえるが、その設置場所によっては逆効果になってしまうことがある。

たとえば、店の入口付近にワゴンセール用のワゴンを置くと、店内への通路の幅を狭めることになる。

もちろんワゴンの周囲には人だかりができるが、ワゴンを置くことによって狭められた入口のスペースは人混みによってさらに狭くなる。

店頭がいくら賑わっていても、入口が

狭くなってしまったら客は店に入りづらい。これではワゴンセールを催して集客をしているつもりでも、かえって店内が閑散としてしまうのである。

そこで店頭にセール用のワゴンを置く場合は、入口から少し距離を空けて客の流れを妨げないようにするのが鉄則だ。

入口はできるだけ開放的に明るくレイアウトして、客が気軽に入れる雰囲気をつくるのがベストなのだ。

いくらお得な商品をそろえていても店に入ってもらわなければ何も買ってはもらえない。

入りやすい入口かどうかということが売り上げを左右してしまうといっても過言ではないだろう。

ジュースのパッケージ表示に見え隠れするウラ事情

コンビニやスーパーに行くと、飲料のコーナーにはバラエティに富んだ商品がずらりと並んでいる。

売れないものは即座に引き上げられ、次々と新製品がお目見えするわけだが、他の商品にスペースを取られまいと味はもちろん、それぞれネーミングやパッケージにも趣向が凝らされている。

たとえば同じオレンジジュースでも、商品によって「しぼりたて」とか「産地直送」などと、購買意欲をあおるキャッチコピーがうたわれていたりするものだが、「純粋」「ピュア」という言葉に限っては、果汁100パーセントのジュース以外は使用してはいけないという決まりがある。

これはJAS規格の食品表示で定められているもので、「純粋」や「ピュア」という言葉を表示できるのは、原材料に果汁の搾《しぼ》り汁以外のものが入っていない商品のみなのだ（化学合成品でない香料はOK）。

ちなみに、かつてはよく使用されていた「フレッシュ」や「天然」という用語は消費者に誤ったイメージを与えやすいことから、今では原則として使用が禁止されている。

昨今の消費者は食品表示には目を光らせているし、こうした規格は国際基準で定められているので、少しでも誤解があってはまずいというわけだ。

店の入口より奥のほうを暗くすると売り上げが落ちる!?

スーパーに買い物に行く時というのは、だいたい買うものは決まっているものだ。だが、居心地のいい店に行くとつい長居をしてしまい、いつの間にかあれもこれもと予定になかったものまで買ってしまったりする。店側にしてみれば、ありがたい客に違いない。

店としては客にできるだけ店内をくまなく歩いてもらい、1品でも多く買い物かごに入れてもらえれば売り上げは確実にアップするからだ。

　それには、店内の仕掛けが重要になってくる。まず徹底したいのが、店の奥は店の入口より暗くしてはいけないということだ。

　電灯に集まる虫などと同様に、人間も明るい場所に引かれる習性がある。暗いところにいるとより明るいほうへ行きたくなるのだ。

　つまり、入口よりも売り場の奥のほうを明るくすれば、自然と店内への人の流れをつくり出すことができる。

　もし入口より店の奥のほうが暗かったら、客はあまり中へ入っていく気にならない。お目当ての買い物をさっさとすませて外へ出ていってしまうことになるだろう。

　店内にいる客も、より明るい入口のほうへと向かって流れることになる。客をできるだけ長く店内にとどめておくためには、店内が暗いのはもってのほかなのだ。

　ちなみに、天井と壁が合わさる角のあたりを明るくすると、店内全体が明るく、広くなったように感じられる。

　その結果、もう少し店内にいたいという心理が働いて客の滞在時間は長びくのだ。

　店内の明るさの調節ひとつで、客は店の中をより長い時間〝回遊〟してくれることになるのである。

買う気にさせてしまう商品陳列の黄金ルール

スーパーの売り場では、陳列用の什器の中に湯飲みやマグカップ、和風の皿から洋食器まで一緒に並べて売られているのをよく見かけることがある。

一見どこにも問題がない陳列方法のようだが、これは商品陳列におけるタブーを犯している。

同じ什器の中に、用途や価値が異なる商品を並べてしまうと、そのアンバランスさでどちらの商品も価値を下げてしまうのである。

たとえばひと口に食器といっても、和食器と洋食器では用途が違う。使い道の違う商品が一緒になっていることで客は集中して選ぶことができずに、購買につながりにくくなってしまうのだ。

また、同じ和食器でも職人が作った高価な皿と、大量生産の安価な皿など価格帯があまりに違うものを同じ場所に並べると、そのディスプレイを見ただけで高価な商品のほうのイメージが一気に下がってしまうのである。

同じようなカテゴリーの商品は、管理のしやすさからつい同じ什器に並べてしまいがちだが、それは明らかに店側の一方的な都合だ。

商品の使い道や価格帯が同じようなものを一緒にすれば客はぐっと選びやすく

なるのである。

そのため、購買意欲を高めて手に取ってもらうためには、選ぶ側の目を混乱させない陳列のしかたが基本になる。用途と価格帯が異なるものは同じ什器の中に並べてはいけないのである。

スタッフの動線は「短く・直線」が基本なのはなぜ？

ホームセンターなどでは欲しい商品が見つからず、ようやく見つけた店員に声をかけたものの、在庫確認に行ったまま いつまでたっても戻ってこないことがある。イライラしながら待たされたという経験をした人は多いだろう。


スーパーの場合もそうだが、売り場づくりをするときにスタッフの動線の基本が反映されていないと、このように延々と待たされる客が続出するという事態を招きかねない。スタッフ動線は「短く・直線」でなければならないのだ。

特に行き来が激しいのがレジと倉庫だ。そのため、売り場に立つ店員は、最低でもレジと倉庫に直線で行ける動線上に配置しなくてはいけないのである。

それぞれの店員が直線で動ける位置に立つことで店内にくまなく目が行き届くようになる。

結果的に移動距離が短くなるので客の要望にもスムーズに対応することができて、クレームの予防にもつながるわけだ。

短く、真っ直ぐなスタッフの動線は、客を待たせない快適な売り場づくりには欠かせないルールなのだ。

試食コーナーで、むやみに子供に食べさせない㊙事情

スーパーの食品売り場では、魚や肉、揚げものやアイスクリームなどさまざまな食品の試食販売が行われている。産地直送品や新製品などを気軽に味見することができるので、客としては嬉しいサービスのひとつだ。

しかし、最近の試食コーナーでは客の試食を断る場合がある。それは、相手が子供の場合だ。販売員は「お母さんかお父さんと一緒に来てね」などと諭して、子供だけの場合は試食させないようにしているのだ。

これは、じつは食物アレルギーへの配慮なのである。近年、さまざまな食品に対してアレルギーを持つ子供が増えている。気軽に試食させた結果、重大なアレルギー反応を引き起こしてしまったら大問題になってしまう。

特に相手が小さな子供の場合は、自分がどんな食品にアレルギーを持っているのか知らない場合が多い。その子供が食べても大丈夫かどうかを保護者に確認する必要があるのだ。

客の安全を第一に、店に対する無用のクレームを避けるためにも、試食販売員

はこのことを肝に銘じているのである。

外から見えない「賞味期限」をめぐる本当の話

食料品を買う時に気になるのが賞味期限だ。当然新しいものを選ぼうとするが、そんな消費者意識を反映してか、食品の流通業界には賞味期限に関する暗黙のルールが存在する。

「賞味期限の3分の1を過ぎた商品は小売店に卸さない」、さらに「賞味期限の3分の2を過ぎた商品は小売店から卸へと返品される」というものだ。

これはあくまでも業界がとり決めた約束事のようなものであって、法令化されているわけではない。しかし、業界内では当たり前のように行われているのだ。

農林水産省によると、賞味期限とはおいしく食べられる期限であり、これを過ぎてもすぐ食べられなくなるということではない。その期限を過ぎたら食べられないという意味の消費期限とは明らかに違うのだが、賞味期限を気にする人は少なくない。

だが、最近では食品の廃棄率の高さが問題視されていることもあって、このルールを緩和しようという動きも出てきた。流通過程において過剰に賞味期限を意識することが、食品の廃棄量を結果的に増やしているという批判もあるからだ。

消費者へのイメージを意識するあまり、

まだ十分食べられるものが店頭に並ばないのは時代にそぐわないといわれるのも当然の流れだろう。

台風、大雨…悪天候の翌日に店員がお休みをとるのはタブー

台風や大雨、大雪の日などは、できれば外出せずに家の中に閉じこもっていたいものだが、そんな日が2、3日も続けば当然、冷蔵庫内の食料品は目減りしてくる。

そうなると、天候が回復した時に食料品などの買い出しに来た人たちでごった返すのがスーパーだ。じつは、悪天候の翌日というのはスーパーのかき入れ時なので、店員が休みを取るのはタブーなのである。

悪天候でトラックでの輸送が滞っていたぶん、商品の搬入や陳列で店内はてんやわんやとなる。そんな猫の手も借りたいほど忙しい日に、店員が休みを取るのは許されないのは当然だろう。

よほどの事情がない限り、急な欠勤などありえないというのが店員同士の暗黙の了解なのだ。

「新規出店」に失敗する店の意外な共通点

昼間は食材を買い出しする主婦、夕方は仕事帰りのビジネスパーソンなどでご

った返すスーパーの周辺には、人出を見込んださまざまな業種の店舗がある。

だが、そんなスーパーの集客力をあてにして出店するととんだ失敗をしてしまうというのが飲食店だ。

スーパーの近くに飲食店を開業しても、その賑わいとは対照的に流行らない場合が多い。その原因は、スーパーに来る客の目的と混雑の時間帯にある。

まず、スーパーに客が来るのは食料品や日用品が目当てだ。そのような買い物はたいてい1人で行くものだし、さっさとすませて帰りたいルーティンワークのはずだ。

しかも、昼食や夕食の材料を買いに来たついでにわざわざスーパーの近くにあるレストランに足を運んで食事をするという人はそれほど多くないだろう。

もうひとつの原因は、スーパーが一番混むのが午後3時から5時にかけてだということだ。昼食後のビジネスアワーであり、夕食には早すぎる時間帯で外食には向かない。

つまり、スーパーのメインの客層は夕飯の買い物をしに来る主婦たちということになり、飲食店の客とはそもそも時間帯もニーズも合わないのだ。

果物の品名と産地は必ず表示しなければいけないって本当？

巷にさまざまな健康法があふれている

昨今、野菜や果物の力で健康になるという切り口もすっかりおなじみとなった。「○○を食べたら血圧が下がる！」などとテレビ番組で話題になると、翌日にはスーパーの商品棚が空になってしまうこともめずらしくない。

しかし、スーパーの食品売り場で「玉ねぎで血液サラサラに！」「トマトでやせる！」というような表記をして青果を売っている店は少ない。

ある野菜や果物を食べたら体調がよくなる、体の一部分に効果がある、などという表記をして売ることとは、健康増進法という法律に抵触する可能性があるのだ。

逆に、必ず表記をしなければならないのが品名と産地だ。バナナなら「バナナ」と表示したうえで販売しなければならないし、産地も必ず明記されている。

これはＪＡＳ法が定めたルールで、明らかに見てわかる青果などでも必ず品名が表記されているのは法律で決められているからなのである。

ブームに乗って売り上げを伸ばしたい一方で、法律も守らなければならない。日頃利用しているスーパーにもそんな知られざる葛藤があるのだ。

デパートに張り巡らされた売り上げアップの秘策

老舗《しにせ》や有名店が軒を連ね、おいしそうな匂いが満ちているデパートの地下食料品売り場。

ふだん、買い物をしている時は食べ物に目移りして気がつかないかもしれないが、じつはこの「デパ地下」にはいくら探しても見当たらないものがあるのをご存じだろうか。

それは時計だ。デパートの戦略からいえば、時計はデパ地下にあってはならないものなのである。

理由は、時計があると時間を気にするようになり、自然と滞在時間が短くなってしまうからだ。そうすれば買い物の数も減り、売り上げも落ちてしまう。客に時間を気にせず買い物に没頭してもらうには時計はないに限るのだ。

ちなみに、デパートで客が地階から上の階に上がって買い物をしていくことを「噴水効果」という。地下から上の階に客を導くという手法をとるのだが、デパ地下にいる段階で時間を気にされてはこの効果が見込めなくなってしまうというわけである。

つまり、デパ地下に時計がないだけで、デパートの売り上げはグンと伸びることになるのだ。

デパートのトイレが目立つところにない理由

デパートで買い物中にトイレに行きたくなった時、案内板の矢印通りに行けどもなかなか辿り着けなくて困ったという人は多いだろう。

　トイレは売り場の一番隅のほうの、何とも見つけにくいところに位置しているのがほとんどなのだが、じつはこれはデパート側の戦略のひとつなのだ。

　目立つ場所や入口付近にトイレを設置しないというのが、どのデパートにも共通した暗黙の決まりなのである。

　客商売なんだからもっと親切な場所につくってくれればいいのにと思ったら大間違いで、客商売だからこそ目立たない場所にあるのだ。

　理由はもちろん、トイレを借りるためにデパートに来た客に買い物をしてもらうためだ。

　フロアを横切らせることで、その際に目についたモノを購入してもらおうという狙いがあるのだ。

　実際、デパート側にしてもトイレをタダで使用されて、何も買わずに帰られては商売にならない。

　水道料金やトイレットペーパー代、清掃費など月々の出費はバカにならないのである。

　最近では椅子が置かれたパウダールームや乳幼児用の設備などが整っているデパートの女性用トイレも多い。トイレの設備を充実することで来客を増やし、売り上げアップにつなげていこうというのだ。

　たかがトイレとはいえ、客寄せには立派に貢献しているのである。

ハンドバッグ売り場の店員はなぜ白い手袋をつけるのか

人間が最も購買意欲をそそられるのは、自分の中にある虚栄心がくすぐられた時だという。

食費を浮かせてでもブランド物を買う人や、家賃を削ってでも高級車に乗る人などはその最たるパターンである。

そういう心理を巧みに利用しているのがデパートだ。宝飾品や時計売り場などでは、どの客も上客扱いして気分をよくさせてくれる。

それと同じ理屈で、デパートには「ハンドバッグ売り場の店員は白い手袋を着用しなくてはならない」という規定をもうけているところがある。

女性のバッグ好きは言うに及ばず。服飾雑貨の中でも価格帯が広く、何も買わなくてもバッグは買って帰るという人も少なくない。

そこで、売り場の店員が白い手袋を着用していれば、商品のバッグはおのずと高級感が増し、それでいて値札の価格が安ければ女性の購買意欲はいっそうかき立てられるというわけだ。

特に革製品が多いバッグでは、手袋を着用した手で持たれると高級ブランドのバッグのような上質感をかもしだす。それに乗せられて、気分よく散財してしまっている人もいるのではないだろうか。

デパートの店員が無断で持ち出すと怒られるモノ

デパートで買い物をすると、そのデパート独自のデザインの包装紙できれいに包んでくれる。

これは世界的に見るとめずらしい習慣で、包むことに対する日本人のこだわりの表れともいえる。

それぞれのデパートが工夫をこらした美しい包装紙は、まさにそのデパートの「顔」ともいえるのだ。

ところでデパートの従業員には、この包装紙を勝手に持ち出してはならないという暗黙のルールがある。

というのも、別の店で買った商品をデパートの包装紙で包んで、あたかもそこで買ったかのように扱われたら、ブランドを傷をつけることになりかねないからだ。

実際に、有名な老舗デパートの包装紙で包んであるというだけで、「とてもありがたいもの」と感じる人は大勢いるものだ。有名デパートであればあるほど、包装紙はそういう目的で使われる可能性がある。

だからデパートは包装紙が外に流出しないようにしているのである。

従業員が不必要に包装紙を持ち出すことを禁じているのも、そんな理由があるからだ。

客の言葉に「ハイ」と相槌を打ってはいけない販売スタッフの㊙心得

デパートや家電量販店などで、客に商品を勧める販売スタッフのセールストークには、客に気づかれないよう巧みなテクニックがいくつも盛り込まれている。

そのひとつが、客の言葉に相槌を打つ時に「ハイ」と言わないというものだ。

ふつう、相手の話に同意する時には「ハイ」と返答する。会話の基本中の基本ともいえるこのルールに背くのだから、一見、無作法なやり取りをしているようにも映るだろう。

ところが、これは店員が客からつけ込まれないためには理にかなったテクニックなのである。

なぜなら、「ハイ」と返事をすることは、素直で信頼できる人だという印象を与える一方で、答えた側が相手より下の立場にある、相手に服従しているというニュアンスも与えてしまうからだ。

つまり、ややもすると客のほうが優位に立ってしまう状況を生み出しかねないのである。

常に客をリードしながら商品を売りたい販売スタッフにとって、これは好ましい状況とはいえない。

そこで「ハイ」ではなく、相手と対等な関係を保てる「ええ」と相槌を打つのが小売業界の不文律のようである。

「デパートの売り場にデパートの社員はいない」の噂は本当か

百貨店という呼び名にふさわしく、デパートの売り場はさまざまなジャンルの商品で埋め尽くされていて、それぞれに専門の店員がいる。ただし、そこにはデパートを運営する会社の社員はあまりいない。

じつは、売り場に立って客に商品を勧める販売スタッフは、その多くがデパートに入っているテナントや、取り扱っている商品のメーカーもしくは派遣会社などから派遣された社外の人間なのだ。

これはデパート業界ではよくあることで、実際に販売スタッフ専門の人材派遣会社のホームページを見ると、派遣先の業種のひとつとして「百貨店の仕事」というジャンルがある。

とはいえ、デパートにもれっきとした社員は存在する。

その社員たちはどこで何をしているかというと、売り場とは別の建物にあるオフィスで人事や経理、販売企画や総務といった運営系の仕事に就いていることが多い。

ほかにも、デパート業界の花形職種といわれるバイヤー、つまり商品の仕入れを担当する社員や、外商として得意客を専門に回るのも主に社員が担当する。

もちろん売り場担当の社員もいるが、

販売スタッフとして客に接するのではなく、売り場全体を見回るのが仕事だ。

巨大なデパートは、社内外のさまざまなスタッフによって支えられているのである。

ブティックで高価なコートを低い場所に飾るのはタブー

おしゃれな洋服や小物がセンスよく並んでいるブティックに入ると、思わずテンションが上がるものだ。

ところで、売り場のどの場所にどの商品を陳列するかは、単に販売スタッフの思いつきや見た目の良し悪しだけで決められているわけではない。

すべての商品がその付加価値を高めるべく、緻密な計算に基づいてディスプレイされているのだ。

たとえば、小売業界ではよく知られている商品ディスプレイの基本として、値段の高い商品ほど低い位置に並べてはいけない、というものがある。低い位置にある商品を見る時、客は自然と商品を見下ろす格好になる。

すると、どれだけ値の張る商品だったとしても不思議と安っぽく見えてしまうのだ。

そのため、高価な商品ほどあえて高いところにディスプレイするのが鉄則だ。顔を上げた客の視線の先にはより高級なオーラをまとった商品がお目見得する、という演出である。

一方で、スーパーなどで売り切ってしまいたいセール品や低価格帯の商品を並べる時には、そんな消費者心理を逆手にとって、腰をかがめなければ手に取れないような低い棚に並べることが多い。

客から見やすそうだからといって高い位置に低価格の商品を置くと、商品を見た時の印象が実際の価格よりも高く思えてしまい、客はかえって拒否反応を起こしかねないのだ。

ちなみに、床から80～120センチくらいの陳列エリアは、小売店業界では「ゴールデンスペース」とか「ゴールデンゾーン」といわれていて、その名の通り最も売れ行きがいい高さだとされている。

接客のプロはこういう〝声かけ〟は絶対しない！

日頃から接客術を磨いている販売スタッフは、客とのちょっとしたやり取りにも気を配っているものだ。

たとえば、商品を選んでいる最中の客に対して「よろしければ…」などと言って声をかけないのもデキる販売スタッフの接客術のひとつだ。

多くの客は、こうした〝いかにも〟的なセールストークに対して敏感になる。ヘタに話しかけると「何か売り込まれるのではないか」と身構えてしまい、それだけで足早にその場を立ち去ってしまう客も少なくない。

このため、ベテランのスタッフほどガツガツと話しかけたりはしない。

それよりも、少しでも客との距離が縮まるように、たとえば「そのジャケット、とてもよくお似合いですね。どちらでお買い求めになったんですか？」などと軽い質問をして、客に自分の話をさせることでまず信頼関係を築くのだ。

自分の売り上げを優先させるのではなく、まず客を立てることを考える。いたってシンプルなことではあるが、これこそコミュニケーションにおける基本といっていいだろう。

ちなみに、客に話をさせるという意味では、「はい」「いいえ」のひと言で答えられてしまうような質問もふさわしくない。

「○○をお求めですか？」ではなく「いつお使いになるんですか？」と、あたかも買うことを前提にした自然な会話で客の答えを引き出していくのである。

そうして、いつの間にかこちらのペースに客を誘導するのがプロのテクニックなのだ。

売り場の柱の陰に小さな商品を置いてはいけないのはなぜ？

小売業界にとって万引きは深刻な問題だ。年間の被害額は、東京都で確認されているだけでもじつに600億円以上にのぼるという。

確認されている数字だけでもこれほどの額なのだから、表に出ていない被害も合わせるとその金額は膨大なものになる。

万引きは小売店にとって死活問題となっているのだ。

そこで、スーパーやホームセンターなどでは店内のレイアウトを工夫して、万引きをさせない売り場づくりを徹底している。

たとえば、大きな柱の陰には小さな商品を置かない、という決まり事もそのひとつだ。

大きな柱の陰は販売スタッフや防犯カメラから死角になりやすいため、万引きの温床になりやすい。


店舗の構造上、そういったデッドスペースがどうしてもできてしまう場合には、すぐにカバンやポケットに入れられる小さな商品ではなく、万引きしづらい比較的大型の商品を並べるようにしてあるのだ。

また、忙しいからといって、棚の商品を整頓せずに乱雑に並べておくことも万引き犯にスキを与えることになる。

万引きをしようとしている人はスタッフやほかの客の目をとにかく気にする。そこで店側では商品が整然と陳列されている状態をキープして、店内の隅々まで常にスタッフの目が行き届いていることをアピールしているのだ。

販売スタッフの「立ち位置」をめぐる意外なタブーとは?

洋服店などで販売スタッフが立っている場所は、一見何気なくその場にいるように見えるが、じつはそうではない。

まず大前提として、うっかり商品を隠してしまう場所に立つようなことはしない。商品を勧めるのが仕事であるスタッフが商品の目隠しになってしまうなどもってのほかだからだ。

また、客の動線、つまり売り場における客の順路を遮《さえぎ》る位置に立っていてもいけない。

客が店内のあちこちを回遊すればするほど、多くの商品を目にするので購入してもらえるチャンスも増える。そのためにも客にはできる限り店内を歩かせる必要があるのだ。

そのうえで、スタッフはその動きを見渡せる位置をキープして、客がどの商品に興味を示すのか見逃さないように目を配らなくてはならない。

だからといって、ただ突っ立っていたり、逆に客のほうばかりを見て、話しかけるチャンスをうかがっているような素振りを見せることもよくない。

もしも販売スタッフのそんな態度を感じとってしまったら、客は商品を見る前にそそくさと店から出ていってしまうだろう。

そうではなく、さりげなく客の動きに注意を払いつつ、客が手にとった商品をたたんで整えるなど自然な動きをしながら次のチャンスを待つのだ。

接客中の「少々お待ちください」「～と思います」は禁句！

デパートや小売店の販売スタッフのセールストークで特に禁句とされているのが、「少々お待ちください」と「～と思います」のふたつだ。

そもそも、客はたとえ1分でも待たされることを嫌がるものだ。しかも、この「少々」という曖昧な表現は客にさらなるストレスを与えかねない。

そこで万が一、客を待たせてしまうようなことがある場合には、「2分ほどお待ちいただけますでしょうか」と具体的に時間を伝えるようにしている。

どれくらい時間がかかるかを具体的に提示することで客の不安を軽減するのである。

さらにこの時、ギリギリの時間ではなく少し余裕を持った時間を伝えておくことがポイントだ。1分と伝えておいて結局2分待たせてしまうのと、3分と伝えておいて2分ですませるのとでは、同じ時間でも客に与える印象は天地ほどの差がある。

また、客から質問されて「おそらく～と思います」と返答するのも絶対に避けなければいけない。

客は、商品やサービスに関して少しでも不安を抱いたままでは財布からお金を取り出そうとはしないものだ。その不安を解消するはずの販売のプロが、逆に客の不安をあおってしまっては元も子もない。

だからこそ曖昧な表現は使わずに、常に「～です」と言い切るのがプロの仕事なのである。

カップル客に商品を勧める時の意外な注意点

年間の来店客数が7000万人というような超大型デパートには、年齢や性別に関係なくさまざまな客が訪れる。

そして、そこで働く販売スタッフにはそれぞれの客に合った細やかな対応が求められるのである。

たとえば、カップルでやってきた客に商品を勧める時にタブーとされているのが、異性の客の側に立ってはいけないというものだ。

もしも女性スタッフがカップルで来店した男性客の近くに、また男性スタッフが女性客の近くに立ってそちらにばかり熱心に話しかけようものなら、当然のことながら連れの客はいい気持ちはしないだろう。

こうしたスタッフのちょっとした対応によって、客が店に抱く印象は一気に悪くなってしまう。

一度、マイナスのイメージを持たれてしまうと、そう簡単にはぬぐえないもので、その客は二度と店に来なくなってしまうこともあるのだ。

そこで、カップルの客に対応する時には、とにかく同性の客の側に立って、そちらをメインに話しかけるようにしているという。

そうはいっても、一方を無視してしまうのもまた悪い印象を与えかねないので、時々は連れの客にも「お連れ様はいかがですか」などと意見を求めることを忘れてはならない。

客に対しては、どれだけ気を遣っても遣いすぎることはないというわけだ。

デパートの従業員が「トイレに行ってきます」というのはタブー

どんな業界にも、身内の間だけでしか使われない隠語がある。実際、客には聞かせたくない内容はこの隠語を使ってやり取りされることが多い。

たとえば、店頭で客の応対をする販売スタッフはなかなか持ち場を離れることができない。

だからといって、間違っても客の前で堂々と「ちょっとトイレに行ってきます」とか「休憩いただきます」と言うわけにはいかない。

こんな時は「1番に行ってきます」と

か「1番お願いします」と、スタッフ同士で隠語を使って伝え合うのだ。

ちなみに、トイレを意味する隠語は業界や店によってさまざまなものがあり、「3番」「遠方」「ピンク」などもすべてトイレ休憩を意味する言葉だという。

また、同じ休憩でも食事に行く時にはまた違った隠語があり、そんな時は「キザ」「まる」「はの字」と声をかけてから持ち場を離れるという。

これなら万が一客に聞かれるようなことがあっても悟られる心配はない。

さらに、店にとって厄介な万引きは、「きいのつ」「ねずみ」「川中さん」などとスタッフ同士で声をかけ合って注意を促すという。また、買い物もせずにただひやかしにやってくるような客のことは「うろこ」と言うらしい。

その一方で、店によっては得意客のことを「五八様」と呼ぶ。ちなみに、この五八様の語源は5×8＝40《しじゅう》、つまり、しょっちゅう店に来てくれるありがたい客であるということである。

これらの隠語は、同じデパート業界といえどもそれぞれの店や会社ごとに代々受け継がれてきた歴史があり、所変わればまったく通じないことがあるというから不思議なものである。

ほかにも、BGMやセール情報、迷子の案内などを流す店内放送の中にも、隠語と同様にスタッフにしかわからないさまざまな情報が盛り込まれている。

なかには、雨が降ってきた時や、その日の売り上げを達成した時に決まったBGMを流したり、店内でトラブルが起きたことを知らせるために特定の人名や地名をアナウンスしたりする店もあるのだ。

テレビの通信販売で「おまけします」とは言わないワケ

テレビに限らず、カタログやネットショッピングなどさまざまな通信販売を利用して買い物をする人は多い。

直接商品を手にとって見たわけでもないのに、テレビの司会者から言葉巧みに商品のよさをアピールされると、つい自分も欲しくなって思わず電話をかけてしまうという気持ちもわからないでもない。

それに、ひとつの商品を買うとけっこうオマケがついてくる。電池やカバーはもちろん、パソコンだったらプリンターや周辺機器まで幅広い。

手頃な値段の小物なら「同じ商品をさらにもうひとつ」ということも少なくないので、購入者の「得した」という満足感をくすぐるのだろう。

しかしよく聞いてみると、販売商品以外に景品をつける時に「オマケです」ではなく「これをおつけします」と言っている。

司会者が「おつけします」と連呼するその訳は、商品を販売する時に景品やオマケを不当に多額のものにするのを禁じている「景品表示法」という決まりがあるためだ。

ちなみに、取引価格が1000円以上なら景品の金額はその1割までと定められており、5万円の液晶テレビを買ったら5000円相当のオマケしかつけられない。

本当なら「これらを景品として差し上げます」と言いたいところだが、それらが多額なものになると、通販業界では「おつけします」と言ってセット販売のような手法をとらざるを得ないというわけだ。

だから、商品とオマケの価格が近ければ近いほど司会者の口からはけっして「オマケ」「景品」という言葉は出ないのだ。

問屋街で店員に聞いていい事、いけない事

東京・浅草橋などの問屋街にある店先でよく見るのが「一般の方お断り」というプレートだ。これは「専門業者向けに販売しているから小売はしません」という意味だが、実際は業者以外の素人でも買い物できるところもある。

しかし、運良く店に入れたとしても、問屋街のタブーを心得ていない客は冷たくあしらわれてしまう可能性がある。

特に、商品に関して店員にしつこく質問したり、大人数で押しかけて買い物するのはやってはいけない行為だ。

きちんと値札やサイズを確認せずに「これいくらですか?」「試着できますか?」と聞いたり、友達同士で「こっちのほうが安いわよ」「これが似合うわよ」とワイワイ騒いだりするのは、他の業者の迷惑になるだけでなく、店側も本来しなくてもいい「小売」という接客業務に煩わされるので迷惑なのだ。

ありがちな一般客だと思われたくなければ、たとえ午後でも「おはようございます」と声をかけて1人で入店し、色違いの商品や在庫の有無などを要領よく尋ね、3~4点の商品をまとめ買いすることだ。これができれば、「一般客お断り」エリアでも店を追い出されることはないだろう。

病院の近くに薬局がなくてはならないウラ事情

大きな病院などに行くと、病院の敷地を取り囲むように「処方箋薬局」の看板がズラリと並んでいるという光景が見られる。

このような薬局はいわゆる〝門前薬局〟といわれ、以前は病院内にあった薬局が「医薬分業」で独立し、病院やクリニックのまわりに立ち並ぶようになったのである。

実際、病院で診察を受けて処方箋をもらうと、何となくそばにある薬局に行きがちだが、じつは必ずしも門前薬局で薬を処方してもらわなくてもいい。

自宅や勤務先の近くにあって便利なのであれば、そちらの処方箋薬局に行ってもいいのだ。患者は自由に薬局を選ぶことができるのである。

だが、薬の開発は日進月歩。すべての薬局が最新の薬を取りそろえているわけではない。

使い勝手がいいからと処方箋をもらった病院から離れた薬局に行くと、処方された薬を扱っていなかったということも起こり得る。

その点、門前薬局ならそばにある病院やクリニックで処方される薬を把握していて、ほぼ100パーセント処方される。

じつは、病院と薬局が提携していて経営自体が運命共同体である場合もあるからだ。

ようするに、処方箋薬局は病院やクリニックの門前になくてはならないわけではなく、どちらかというと、その必要性は薬局の側にあるのだ。

■参考文献

『タブーの事典』（フィリップ・トーディ／井上廣美訳／原書房）、『ど忘れマナー・エチケット事典』（全教図／大阪人文社）、『メジャーの掟』（水次祥子／太陽出版）、『ここが違う！ 一流ホテルマンの条件』（二見道夫／実務教育出版）、『会社図鑑！２０１１天の巻』（オバタカズユキ＆石原壮一郎／ダイヤモンド社）、『警察のしくみ』（北芝健監修／ナツメ社）、『図解入門 ビジネス最新食品販売の衛生と危機管理がよ～くわかる本』（河岸宏和／秀和システム）、『接客の教科書』（成田直人／すばる舎）、『飲食店の接客サービス完全マニュアルＢＯＯＫ』（赤土亮二／旭屋出版）、『売り場の教科書』（福田ひろひで／すばる舎）、『陳列の教科書』（鈴木あつし／すばる舎）、『爆笑列島「日本の謎」』（千石涼太郎／朝日ソノラマ）、『業界用語のウラ知識』（シャーゴン・アカデミー／新潮社）、『知ってて損はない！ おもしろ鉄道雑学94』（大門真一編／日本文芸社）、『客室乗務員の内緒話』（伊集院憲弘／新潮社）、『スッチー裏物語』（川西一仁／バジリコ）、『スーパーＣＡの仕事術』（里岡美津奈／メディアファクトリー）、『図解入門 現場で役立つ電気の知識と心得』（近藤晴雄、戸谷次延／秀和システム）、『電気の雑学事典』（涌井良幸、涌井貞美／日本実業出版社）、『運転士裏運転手帳 知らなかった「電車運転士」というオシゴトのすべて』（奥西次男／山海堂）、『日本人の祈り こころの風景』（中西進／冨山房インターナショナル）、『知識ゼロからのメジャーリーグ入門』（佐々木主浩／幻冬舎）、朝日新聞、日本経済新聞、夕刊フジ、日刊ゲンダイ、ほか

（ホームページ）
参議院、経済産業省、東京都福祉保健局、東京都消費者生活総合センター、（社）ジャパンケネルクラブ、日経トレンディネット、消費者庁、ＪＳＰＯＲＴＳ、ゲキサカ、ｇｏｏ大相撲、ＷＯＷＯＷ、ＹＯＭＩＵＲＩ ＯＮＬＩＮＥ、Ｊ-ＣＡＳＴニュース、東京ディズニーリゾートキャスティングセンター、日本製薬工業協会ＨＰ、東京都ふぐの取扱い規制条例、マイナビニュース、ほか

本書は、『外から見えない暗黙の掟《ルール》』（小社刊／２００５年）、『知ってはいけない⁉ あの業界のタブー（同／２０１２年）』に新たな情報を加え、改題のうえ再編集したものです。

青春文庫

知《し》らないとマズい 暗黙《あんもく》の掟《ルール》

2014年 4月20日　第1刷

編　者　㊙《まるひ》情報《じょうほう》取材《しゅざい》班《はん》

発行者　小澤源太郎

責任編集　株式会社プライム涌光

発行所　株式会社青春出版社

〒162-0056　東京都新宿区若松町 12-1
電話 03-3203-2850（編集部）
03-3207-1916（営業部）
振替番号　00190-7-98602

印刷／大日本印刷
製本／ナショナル製本

ISBN 978-4-413-09594-5

図解 この「戦い」が世界史を変えた！

なるほど、そうだったのか！
歴史を塗り替えた
44の大激突、その全真相。

水村光男［監修］

(SE-592)

たった1分 美肌フェイスニング

シミ、たるみが消える。ハリとツヤに大効果！

顔と肌が生まれ変わる
表情筋の秘密。
一生モノの自信をあなたへ。

犬童文子

(SE-593)

知らないとマズい 暗黙の掟《ルール》

そんな「タブー」があったとは!!
スーパー、銀行、お役所、マスコミ…
㊙ゾーンの内側、全部見せます！

㊙情報取材班［編］

(SE-594)

30分で達人になる Instagram とVine

プロ級にキレイな写真、オモシロ動画…が
スマホで簡単に撮れる！
加工して楽しめる！

戸田　覚

(SE-595)